HAP Grieshaber / Heinar Kipphardt

DAS EINHORN KOMMT GERNE BEI NACHT

Briefwechsel

Mit einem Anhang:
Engel der Psychiatrie

Herausgegeben von Sven Hanuschek

belleville

Dank

Für so ein kurzes Buch ist die Dankesliste sehr lang. Zuvörderst danke ich den Rechteinhaberinnen Margot Fürst (Stuttgart) und Pia Kipphardt (München), die die Edition nicht nur ermöglicht haben, sondern mir auf immer neue Nachfragen langmütig Rede und Antwort standen. Pia Kipphardt hat sich als zweite Leserin außerdem um die allgemeine Ermunterung verdient gemacht. Michael Farin danke ich für die Entspanntheit im Umgang mit einem engen Zeitrahmen.

Für zahlreiche Detailinformationen, Auskünfte, Ko-Recherchen und andere Mühen danke ich Alf Christophersen (München), Peter Dalcher (Zug), Gundula Duda (München), Tamar Evrat (New York), Georg Felsberg (Baden-Baden), Ingrid Grimm (München), Margarete Hannsmann (Stuttgart), Ilka Heinrigs (Berlin), Silke von der Heyde (München), Franz Josef Kampmann (Velbert), Franz Kipphardt (Berlin), Jürgen Lodemann (Horben), Arno Ruoff (Neustetten-Wolfenhausen), Corona Schmiele-Lecomte (Paris), Wolf Seesemann (Berlin), Valentin Sitzmann (Erfurt), Peter Stastny (New York), Ingo Tornow (München); dem Deutschen Literaturarchiv (Marbach am Neckar), dort vor allem Ulrich von Bülow, und der Stadtbibliothek Reutlingen.

Schließlich danke ich meiner ersten Leserin Kerstin Dötsch und Quirin, sie wissen, wofür.

Erstausgabe
Alle Rechte vorbehalten
© 2002 belleville Verlag Michael Farin
Hormayrstr. 15 – 80997 München
Gestaltung: Heidi Sorg & Christof Leistl, München
Druck/Bindung: Druckhaus Köthen
ISBN 3-936298-05-X

Inhalt

Briefwechsel 7

Zur Edition, Siglen 126

Anhang: Engel der Psychiatrie 128

Zeittafeln: HAP Grieshaber 149

Heinar Kipphardt 151

Nachwort 153

Briefwechsel

HAP Grieshaber – Heinar Kipphardt

1

24 | VI | 75

Lieber Heinar Kipphardt,

es ist Ihnen gelungen – ich sah es gestern Abend – unsern Freund Jasny klinisch richtig zu fördern. Mir gelang das nicht. Vielleicht habe ich zu lange im inner cercle gewohnt. Der alte Kretschmar hatte die gleiche Leidenschaft; Nachts die Gedichte seiner Patienten zu lesen. Voltaire ging es ähnlich mit den belles curiositées.
1936 hörte ich als Gast in Frbg. Da wurde eine Arbeiterfrau vorgeführt vor 500 Studenten. Sie hatte einen stupor und brachte den Arm nicht mehr herunter. Aber keiner kam darauf. Je vous salut! A grand merci!
    Ihr Grieshaber

Handschriftlich. Folio, silberner Holzschnitt: Schlangen und Fische, (WV 70/7). Original im Deutschen Literaturarchiv Marbach/N. (DLA).

gestern abend – Erstsendung des Films *Leben des schizophrenen Dichters Alexander März* (Regie: Vojtech Jasny, Drehbuch: Heinar Kipphardt) im ZDF. Buchausgabe: Heinar Kipphardt: Leben des schizophrenen Dichters Alexander M. Ein Film. Berlin 1976.
Jasny – Vojtech Jasny (*1925), tschechoslowakischer Film- und Fernsehregisseur, 1970 über Österreich nach Deutschland emigriert, lehrt heute in New York. Zahlreiche Literaturverfilmungen in den 70er und 80er Jahren; neben drei Kipphardt-Verfilmungen auch *Nicht nur zur Weihnachtszeit* (1970) und *Ansichten eines Clowns* (1975) nach Heinrich Böll, *Wir* (1982) nach Jewgeni Samjatin.
Mir gelang das nicht – Grieshaber hatte in dem Fernsehfilm *Traumtänzer* einen Maler gespielt (Regie und Drehbuch: Vojtech Jasny; SDR; Erstsendung in der ARD am 20.2.1973). Vgl. Margarete Hannsmann: Pfauenschrei. Die Jahre mit HAP Grieshaber. München und Hamburg 1986, S. 283–287.
Kretschmar – Ernst Kretschmer (1888–1964), Schüler von Emil Kraepelin. Psychiater, Neurologe; Präsident der Deutschen Gesellschaft für Psychotherapie (1933 zurückgetreten); Begründer der Konstitutionstypologie.

2

Lieber Herr Kipphardt, Ihre Einwände gegen die trouvaille verstehe ich gut, weil sie auch die meinen sind. Vielen Dank! Partner! Der kranke März tut mir gut. Er ist die Antwort, die ich suche. Der «engel» wartete darauf. Kann man ein Agitationsprojekt (III) von stierer Unvernunft verhindern?
Das Auge des Kalbes auf dem Zeitungspapier
grüßt herzlich
    Ihr Grieshaber

Handschriftlich auf Japanpapier mit Holzschnitt grün/braun: Jahresring, (WV 75/38), signiert 20 | IX | 75. Original in Privatbesitz (Pia Kipphardt).

«engel» – Grieshabers Zeitschrift *Der Engel der Geschichte* erschien in wechselnden Formaten und Umfängen unregelmäßig von 1964 bis 1981, insgesamt 25 Folgen und eine Sondernummer; *der Engel der Psychiatrie* war die Nr. 23. Jeder Engel sollte gegen ein Unrecht angehen, «kurz, wie es sich für einen Engel geziemt, den Tod [..] besiegen» (Grieshaber). Am Anfang jeder Nummer stand das namensgebende Zitat von Walter Benjamin über Paul Klees *Angelus Novus* aus *Über den Begriff der Geschichte* (vgl. HAP Grieshaber (Hg.): Der Engel der Geschichte. Nachdruck der Folgen 1 bis 13 aus den Jahren 1964 bis 1969. Dortmund 1980, S. [8f.]).

3

Lieber Herr Kipphardt,

es war eine Hilfe, ein passe-partout und ein Ablassbrief. Drüben bei 39,5° Fieber 346 Seiten Klaus Pezold «Martin Walser» (seine schriftstellerische Entwicklung bei Rütten & Loening Bln. 1971) im 14. Stockwerk des Newa-Interhotel. Und hier Enzensberger der Joseph Heller «eine Tischlampe über den Schädel» schlagen möchte.
Nebel, viel Nebel nur die Frösche tun es sich an
Grand merci et grand salut
      Ihr Grieshaber

Handschriftlich in Faltblatt mit Holzschnitt grün/braun: Jahresring, (WV 75/38), signiert 22 | X | 75. Original im DLA.

Pezold – Klaus Pezold: Martin Walser. Seine literarische Entwicklung 1952–1964. Berlin 1970.

4

Angelsbruck, 8.12.75

Lieber Hap Grieshaber,

wie miteinander besprochen schicke ich Ihnen heute einen Haufen schizophrener Gedichte, die ich im Zusammenhang mit dem Film oder dem Roman gemacht habe, jedenfalls im Zusammenhang mit der MÄRZ Figur. Ich hoffe dennoch, daß die Gedichte auch ohne den Zusammenhang mit der Situation und der Person genießbar sind. Einige Gedichte sind tatsächlich von kranken Dichtern, das ist bei dem jeweiligen Gedicht vermerkt. Wenn Ihnen die Gedichte Lust machen, was aufs Papier oder in die Holzstöckel zu bringen, wäre mir das ein Vergnügen. Sie sagen mir halt einfach bald mal, ob Sie da was machen wollen, mich

würde die gemeinsame Arbeit sehr freuen. Schönsten Dank noch einmal für das Auge des Kalbes und Blei im Gefieder.
Wann immer Sie in die hiesige Gegend kommen, so freuen wir uns, wenn Sie uns besuchen, und wir melden uns auch, wenn wir mal in Schwaben sind. Im kommenden Sommer habe ich sicher im Zusammenhang mit einem Film längere Zeit in der Nähe von Heilbronn zu tun. Mit dem Roman hoffe ich Anfang Januar fertig zu sein, das ist jedenfalls der letzte Ablieferungstermin, wenn das Buch im Frühjahr erscheinen soll, und es scheint mir auch erreichbar.
Die schönsten Grüße von der Pia und mir
    Ihr
    Heinar Kipphardt

MÄRZ, Oktoberengel

Bei uns in Deitschland die Oktoberengel
werden gern im November ernannt
zu Zeiten der Winternebel.
Da frieren die Engel und zögern
durch Kahlfeld und Flur.
Wenn plötzlich ein Schuß fällt
sehen sie es ist Treibjagd
und sie
sie sind die Treiber
atmen sie auf.

MÄRZ, Oktoberengel

Einmal sogar kamen die Oktoberengel im Mai
als ausländische Oktoberengel
und suchten hiesige Novemberengel.
Die hatte man aber erschossen.

MÄRZ, Oktoberengel

Die Oktoberengel kommen bei uns
wenn überhaupt sie kommen
vorwiegend leis im November
als verfrühte Weihnachtsengel.
Da die Felder kahl sind
sitzen sie still und getarnt gern
zwischen den Grünkohlpflanzen

im Winternebel.
Zeigt einer auf ihr Gewehr
ist das eine große Adventskerze
Zeigt einer auf ihre Faust
kratzt die sich schon am Kopf
so listig und gedankenvoll sind unsere deutschen
Oktoberengel

MÄRZ, Oktoberengel

Die Oktoberengel kommen bei uns
lieber im November
da sind die Felder kahl
und es gibt Grünkohl mit Speck.

Maschinenschriftlich. Briefkopf: DR. HEINAR KIPPHARDT · 8059 ANGELSBRUCK · POST REICHENKIRCHEN · TELEFON 08762/1829. Durchschlag im DLA.

Blei im Gefieder – Margarete Hannsmann: Blei im Gefieder. Du plomb dans le plumage. Ein Paris-Gedicht. Übersetzt von Henri Fagne. Mit Holzschnitten von HAP Grieshaber. Düsseldorf 1975.
im Zusammenhang mit einem Film längere Zeit in Heilbronn – Kipphardt recherchierte für das Projekt *Krankheit und Tod des paranoiden Massenmörders Hauptlehrer Wagner*, zu dem es ein Filmexposé für das ZDF gibt; vgl. Heinar Kipphardt: Ruckediguh, Blut ist im Schuh. Essays, Briefe, Entwürfe Band 2: 1964–1982. Gesammelte Werke in Einzelausgaben, Hg. Uwe Naumann unter Mitarbeit von Pia Kipphardt. Reinbek bei Hamburg 1989, S. 173–183.
Mit dem Roman – Heinar Kipphardt: März. Roman. München, Gütersloh, Wien 1976.

5

13 | XII | 75

Lieber Heinar Kipphardt,

ein Fest die Gedichte! Sie kommen ganz dick daher! Und keiner stört mich, immer wieder eins zu lesen. Das macht Väterchen Frost. Es hat Glatteis. Man hat den Leuten die Spikes gezogen. (Ein Auto hat vier Sitze!)

Nach den Gedichten – es wird ein wenig dauern – komme ich aber wieder mit meiner alten elektrischen Birne. Es muß einen Engel zum roten Oktober geben! Eine Stimme von hier. Eigentlich schade, daß wir mit den Gedichten von März keinen Engel der Geschichte zu den untergründigen Spaltungen unserer Zivilisation machen können .... Einen Engel für die «Märzgefallenen» von 1933. So nannte man die erkrankte Million von damals.

Karin Struck schrieb ich: «die Mutter bleibt die Mutter, auch wenn sie wahnsinnig wird». Plump gesagt. Aber sie war nicht geisteskrank. Jeder Heilungsversuch hat seither (30 Jahre lang) zu einer Verschlimmerung der Grundkrankheit geführt. Sie waren «psychisch völlig normal» und schrieben keine Gedichte. Kein Navratil hat da was uns zu übermitteln gehabt. So schön verrückt waren sie (they) eben nicht. Das Zwieschlächtige wird erst an seinem Gegensatz, an dem Dichter Ernst Herbeck deutlich. Unter den Verfolgten und im KZ hat es welche gegeben die derart erkrankt sind. Ich sagte ihnen schon, ich hielt sie für normal, übernormal sozusagen. Dieser Widerspruch wäre eine Aktion, wenn man ihn zeigt, Futter für meinen Engel.

Aber Sie möchten einen Band Gedichte haben, so etwas nicht bei mir aufführen. Schon gar nicht im Holz oder Litho (eher Litho). Ich denke, Sie haben Ihre Gedichte geschrieben, wie Léger angefangen hat zu malen. Er nahm die weiße Leinwand und begann zuerst mit Kohle lauter Kreise und Kurven darüber zu schmieren. Solange, bis es ganz verrückt aussah. Dann begann er zu malen. Genau!

Großen Dank und viel Schnee, keine Besuche, herzlich

    Ihr Grieshaber

PS. unter uns, brauche ich nicht auf die betreffende Stelle über «Geisteskrankheit» in Quadragesimo anno zu zeigen. Es ist ein alter Ketzer der für den Ketzer Heine die Wallfahrt nach Kevlaar gemacht hat. Vielleicht hat Frau Pia Freude daran? Ihnen zum Trost den neuen Umschlag zum Bauernkriegsengel und das Flugblatt zum 140. Geburtstag von Christian Wagner.

Maschinenschriftlich. Original im DLA.

Engel – Zum roten Oktoberengel kam es nicht.
Navratil – Leo Navratil (*1921), Psychiater, Anreger und Herausgeber zahlreicher Texte psychopathologischer Kunst, darunter auch Ernst Herbecks. Navratil unterstützte Kipphardt bei den Recherchen für *März*, distanzierte sich aber vom Roman, weil er das dokumentarische Verfahren missverstand.
Herbeck – Pseudonyme: Alexander, Herbrich. Ernst Herbeck (1920–1996), psychopathologischer Dichter, in Teilen Vorbild für Kipphardts Romanfigur Alexander März. Sammlung: Leo Navratil (Hg.): Alexanders poetische Texte. München 1977.
für den Ketzer Heine die Wallfahrt nach Kevlaar – Heinrich Heine: Die Wallfahrt nach Kevlaar. Mit den Abbildern der fünf Farbholzschnitte im Besitz der Vatikanischen Museen. Den Holzschnitten aus der Werkstatt von HAP Grieshaber ist der Original-Farbholzschnitt «Consolatrix nostra» beigegeben. Mit dem Nachwort von Fridolin Stier über die Wallfahrt und das Gedicht. Kevelaer 1975.
Pia – Pia Kipphardt (*1930), Ehefrau und Mitarbeiterin Kipphardts.
Bauernkriegsengel – Deutscher Bauernkrieg 450 Jahre. Mit Beiträgen von Charlotte Christoff, HAP Grieshaber, Margarete Hannsmann, Johannes Poethen, Hg. HAP Grieshaber. Düsseldorf 1975 (Der Engel der Geschichte 22).
Wagner – Grieshaber hat sich für die Erhaltung des «ärmlichen» Zustands eingesetzt, den das Haus

des Dichters Christian Wagner (1835–1918) bis in die 70er Jahre hatte: Ricca Achalm (Fotografien), HAP Grieshaber (Holzschnitte), Margarete Hannsmann (Lyrik): Christian Wagner Warmbronn. Stuttgart 1973. Außerdem: Christian Wagner: Schartige Sense. Geschnitten in Borke von HAP Grieshaber. Dresden 1974. – Die Aktion um Wagners Haus ist beschrieben in Margarete Hannsmann: Pfauenschrei. Die Jahre mit HAP Grieshaber. München und Hamburg 1986, S. 361–365.

6

dieses polnische Mädchen zeichnete seinen Heimweg auf (Aus einem Achalmdruck)

Handschriftlich. Undatiert, 1976. Vgl. **Abb. 1**. Das Blatt stammt aus dem Achalm-Druck Nr. 1: Flugblatt über den Tachismus (WV 58/2). Grieshaber hat für den Druck eine Fotografie von David Seymour (1948) verwendet, einem der Mitbegründer der Agentur Magnum. Original im DLA.

Achalm – Hügel bei Reutlingen, ein Vorläufer der Schwäbischen Alb; Grieshabers Wohnort und Atelier, mit wenigen Unterbrechungen seit 1933.

7

1976

Lieber Heinar Kipphardt,

Ihr vieux weiss nun wie machen. Rasche Niederschriften im überwachen Zwischenraum. Lithos. Nur fehlt das Format und der Ort. Beim Engel der Geschichte wären es 3000 und bei Claassen. Bei den Eremiten ginge es wie mit «Blei im Gefieder» sofort auf den Kunstmarkt, würde wie Wald dem Geld zuwachsen! Was tun?

Ihnen und Frau Pia den Jahresgruß der Buchmesse 66, herzlichst, Ihr Grieshaber

Handschriftlich. Gedruckte Faltkarte, vorn: roter Holzschnitt: Bücherverbrennung. Jahresgabe der Messeleitung der Frankfurter Buchmesse (WV 75/40), hinten: Rose Ausländers Gedicht «Arche» in deutsch, englisch und französisch: «Im Meer | wartet | eine Arche | aus Sternen | auf die | überlebende | Asche | nach der Feuerflut». Original im DLA.

Eremiten – Eremiten-Presse, renommierter bibliophiler Verlag in Düsseldorf.

8

Angelsbruck, 2.1.1976

Lieber Hap Grieshaber,

von Ihren heidnischen Marienbildern zu Heines Gedicht bin ich ganz hingerissen, das schöne erotische Rot, die offene selbstbewußte Gestik schaue ich gern an, und es ehrt die Direktion der vatikanischen Museen, daß sie da nicht erschrocken sind, oder handelt es sich um eine blinde Direktion? Auch die Pia mag die Holzschnitte sehr, und sie kriegen bei uns einen schönen Platz zum Anschauen. Ich bin immer beschämt von Ihren Geschenken, weil sich mein Gekritzel nicht zur Gegengabe eignet. Schönsten Dank für den Bauernkriegsengel. Mir fällt zum Bauernkrieg merkwürdigerweise immer was weiches, hilfloses, abgemurkstes ein, ein noch nicht fliegen könnender Vogel, ein Findelkind mit einem Bein, die Wiege unserer revolutionären Geschichte, aus der nichts rechtes kam, und niemand weiß genau, warum nichts kam.
Zum Oktoberengel sagte März erst einmal:
Bei uns in Deitschland die Oktoberengel
werden gern im November ernannt
zu Zeiten der Winternebel.
Da frieren die Engel und zögern
durch Kahlfeld und Flur.
Wenn plötzlich ein Schuß fällt
sehn sie es ist Treibjagd
und sie
sie sind die Treiber
atmen sie auf.

Dann gab März dazu noch einen Epilog:
Einmal sogar kamen die Oktoberengel im Mai
als ausländische Oktoberengel
und suchten hiesige Novemberengel.
Die hatte man aber erschossen.

März hat noch ein paar Varianten gedichtet, die ich beilege. März hat auch einige fromme Bilder gemalt, die von seinem Arzt im Roman beschrieben werden und die ich ebenfalls beilege.
Ich bin von der Arbeit an dem langen Prosatext ganz zermürbt, und fast zu jedem Gewaltakt bereit, um damit fertig zu werden. Es gibt im Roman eine Anzahl von Aussagen der März-Figur, die Sie im Zusammenhang mit unserer Arbeit interessieren werden, ich möchte Ihnen den Text aber erst schicken, wenn ich die angstschweißtreibende Arbeit hinter mir habe. Ich hoffe, Sie sind viel besserer Dinge als ich und

machen im neuen Jahr viele schöne Sachen.

Ich bin mit den herzlichsten Grüßen
  Ihr
  Heinar Kipphardt

MÄRZ

Ein Bild von März. (Tempera)

Als Schmerzensmann liegt er auf einem Untersuchungstisch, Elektroden an Händen und Füßen und ist umgeben von seinen Leidenswerkzeugen in überwiegend symbolischer Darstellung: In einem Frauenmund züngelt eine Flamme; ein Papagei; zwei Hände waschen sich in Unschuld; ein Gesicht in einem Spiegel; ein Ohr, in das ein Mann hineinhaucht; ein Ohr, in das eine Frau hineinhaucht; eine Hand, die Geld auf eine Zunge zählt; ein Gitter, in den davon gebildeten Feldern eine Spritze, ein Skalpell, ein Federhalter, ein Penis, ein Äskulapstab, eine Uhr. Der Kopf des Schmerzenmannes ist von einer rhombisch gezeichneten Vulva gespalten, ein Schwert geht quer durch seinen Kehlkopf, Feuer unter den Fußsohlen.

MÄRZ

Weitere Bilder von März, in denen er christliche Motive benutzt:
Die Gefangennahme. Christus, ein Ohr in der Hand, wird von Polizisten gefesselt, eine Frau verbirgt ihr Gesicht mit einem Tuch.

Folterung und Verhöhnung. Fünfzehn Ärzte umtanzen Christus mit der Dornenkrone, der in Zungen spricht. Sie schwingen Spritzen, Messer und Fangnetze, einer hält vor Christus ein Vogelbauer mit offener Tür.

Ans Kreuz genagelt. Ein nackter Junge, ein Schleiertuch um die Hüften geschlungen, aber ohne Genitale, wird von Männern in schwarzen Anzügen und Zylindern an eine Aborttür genagelt. Ein Mädchen bläst ihm mit einem roten Rohr ins Ohr.
(Wen stellt das dar? – Vater, Onkel, Kantor Dampffeld, Doktor Mikule. – Wer ist das Mädchen? – Am Rohr wohl Lydia.)

Es ist vollbracht. Ein Arzt reicht Jesus den Essigschwamm, ein Arzt sticht ihn mit der Lanze.

Kreuzabnahme. Die Mutter küsst Christus die Füße, trocknet das Blut mit ihren Haaren. Ursula hält das Schweißtuch mit dem Bildnis Alexanders.

MÄRZ

März zeichnete mehrfach das Abendmahl, sechs Jünger an jeder Seite und Jesus zersägte das Opferlamm. Jesus und alle Jünger bis auf einen waren Mädchen und hatten langes Frauenhaar. Der eine mit männlichem Stichelhaar war aber nicht Judas sondern Petrus, kenntlich an einem Hahn auf seinem Kopf, in der Hand ein Schlüsselbund. Auf jedem der übrigen Köpfe aber saß ein männlicher Affe, der sie nieder drückte. Es schwebte über jeder Figur ein Fleischerhaken.

Maschinenschriftlich. Durchschlag im DLA.

9

Lieber Heinar Kipphardt, März und sein Oktober wird mir helfen meine Identität auch als Vater zu suchen und nicht das verfluchte spektakuläre image. Nom de Dieu! Nichts tut einem so gut, wie eine Post die aus der Fülle kommt aus der man sieht, wie Ihnen die Milch über die Hände fliesst. Grand merci et grand salut
     Ihr Grieshaber

Handschriftlich. Undatiert. Auf einer gedruckten Einladungskarte zur Ausstellung «Die Arche» in der Kreissparkasse Reutlingen, mit dem Holzschnitt: Untergehende und Arche (WV 72/105): «Vom 25.1. bis 18.2.1976 wird das neue Buch über *hap grieshaber* mit den Fotos von RICCA ACHALM vorgestellt. Zum erstenmal werden in der Öffentlichkeit auch die für die Wacholderalb gedruckten Grisaillen zur Aktion *rettet die Alb – jetzt!* des Schwäbischen Heimatbundes gezeigt.» – Original im DLA.

als Vater – Ricca Achalm ist der Künstlername von Grieshabers Tochter Ricca (*1954).
das neue Buch – Die Arche. Fotos: Ricca Achalm, Text: HAP Grieshaber. München 1975.

10

21.1.1976

Lieber HAP Grieshaber,
da wären noch ein paar Gedichte von März, die er gestern gemacht hat, weil dem Roman ein paar fehlten.

Das Glück
Der das Glück hat kann leben.
Das geht nicht schwer.
Es rollt der Koloß allein
im Frühling und nährt sich
von Aas. (Vergangenheit)

Der Elefant
Der Elefant gleichwohl riesig
fristet sich durch.
in Zoo oder Zirkus.
Der Elefant geht auf den Zehen –
Der Elefant ist schon hier.

2

Grau
Die Farbe der Ehre ist sonst grau.
grau gemischt mit grün.
grau war die Maus und die Uniform.
Die Graue Ahnung
für jeden Soldatenrock
Die graue Farbe und ein Nock.

In diesem Sinne grüßt Sie herzlich,

Ihr
      Heinar Kipphardt

ps Das Gedicht ‹Das Sein vom Schein im Wintermoos›, hatte ich Ihnen
das geschickt?
Schönen Dank für den Brief.
Was die Verlagswahl betrifft, der Kunstmarkt wird sich nicht vermeiden
lassen, ich folge gern Ihrem Gefühl. Soll ich in der Sache tätig werden
oder geht das besser von Ihnen aus?
Ende Januar bin ich mit dem Roman fertig und reiße vor den winterlichen Orkanen am 9. Februar aus. Vorher sollten wir vielleicht telefonieren, wenn wir uns nicht sehen können.

                                              K.

Maschinenschriftlich. Briefkopf: DR. HEINAR KIPPHARDT · 8059 ANGELSBRUCK · POST REICHENKIRCHEN · TELEFON 08762/1899. Durchschlag im DLA.

Das Sein... – vgl. Heinar Kipphardt: Umgang mit Paradiesen. Gesammelte Gedichte. Gesammelte Werke in Einzelausgaben, Hg. Uwe Naumann unter Mitarbeit von Pia Kipphardt. Reinbek bei Hamburg 1990, S. 129 (künftig: UP).

11

Lieber Heinar Kipphardt, der «engel der Psychiatrie» geht jetzt ins Holz. 5 Farbholzschnitte nehmen Gestalt an. Auch der Drucker weiß schon und der Verleger. Bei Claassen. Auflage 3000. Anbei etwas, damit wir wieder aus den Wörtern können.
Damit das Wort détente, relaxion of tension, wieder zur Sache wird die man hüben wie drüben zerredet
    Grand salut
    und schöne Grüße für Mme Pia,
    Ihr Grieshaber

Handschriftlich auf Druck: Kamele. Linolschnitt schwarz, rot auf Japanpapier, arabische Inschrift (WV 76/1). Undatiert. Original in Privatbesitz (Pia Kipphardt).

12

29 | III | 76

Lieber Heinar Kipphardt

während der Raub- und Mordjahre waren ja fast alle nicht bei Troste. Schlimm waren auch die Feste! Weihnachten. Eines ist mir unvergessen u. einer, der sich den letzten Freimaurer nannte, ihn traf ich auf der Post. Dort gab er ein Telegramm auf: «Führer kehre zurück, Geburtsstätte Christi entdeckt. Unterschrift: Pochalski.» Wir nahmen ein Schmucktelegramm. Als der Beamte zögerte, sagte ich rasch: «Wo er für uns sein Blut gibt!»
Viele schöne Grüße vom «Engel der Psychiatrie» Ihr

    hap Grieshaber

PS. in diesen Jahren war ich meist auf der Post um vor den Schaltern das heruntergefallene Kleingeld einzusammeln. Davon lebte ich u.a. Wer bückte sich damals schon nach dem verlorenen Pfennig?! Kurz vor Kriegsausbruch gar nicht mehr nach einer halben Mark!

Handschriftlich auf Holzschnitt: Alle Tiere, vgl. *Engel der Psychiatrie* S. 9 (WV 76/16). Original in Privatbesitz (Pia Kipphardt).

13

31 | III | 76

Lieber Heinar Kipphardt

schnell abgezogen gewidmet und an Herrn Brender Dtsch. Volksztg. expediert mit den schönsten Grüßen für Frau Pia

Ihr
Grieshaber

Handschriftlich auf der Rückseite der Einladung zur Ausstellung: «Bilder zum deutschen Bauernkrieg – 1975. Die Vierteilung des Jörg Ratgeb | Tilman Riemenschneider – nach den Druckstöcken im Ratsaal der Stadt Pforzheim – | Sturmbock – Rathaus Reutlingen – | Bauernkriegsengel u.a. | 34 weitere Holzschnitte aus den Jahren 1950–1970. | Ausstellung: 4. April bis 2. Mai 1976 | Eröffnung: Sonntag, 4. April, 11 Uhr | Einführung: Günther Wirth, Stuttgart | Kunst- und Gewerbeverein Pforzheim im Reuchlinhaus [...]» Auf der Vorderseite: rotbrauner Holzschnitt Hans Sachs, abgedruckt in: Sancho Pansa [d.i. Margarete Hannsmann]: Chauffeur bei Don Quijote. Wie hap Grieshaber in den Bauernkrieg zog. Düsseldorf 1977, S. 103 (WV 75/8). – Original im DLA.

14

1 | IV | 76

Lieber Heinar Kipphardt,

Ihr vieux kann nicht vergessen, wie es in den Seminaren der psych. Kliniken unter den Nazis zugegangen ist. Oder haben Sie davon gehört, daß auch nur eine Universität von dem was damals die Dekane und Magnifizienzen gesagt haben, sich distanzierte? Nichts haben wir gehört! Immer noch denke ich an die arme Frau, die uns wegen ihres Stupors 1938 vorgeführt wurde. Den rechten Arm starr in der Luft. Sie konnte ihn nicht herunterbringen. Und keiner hats gemerkt.
Nous sommes pas au monde la vraie vie est absente
Rimbaud
  hapg
Wie ist das eine Party? Wäre gern gekommen. Wer Feste feiern kann ist wieder gesund. Entschuldigen Sie mich bei Frau Pia und viele Grüße an März mit einem Holzschnitt aus dem Engel
 Χαιρε Ihr Γριζαβερ

Handschriftlich auf Holzschnitt: Der Ringer, vgl. *Engel der Psychiatrie* S. 3 (WV 76/13). Original in Privatbesitz (Pia Kipphardt).

Nous sommes... – recte: «La vraie vie est absente. Nous ne sommes pas au monde.» *Une Saison en enfer* zit. n. Arthur Rimbaud: Œuvres complètes, Hg. Antoine Adam. Paris 1972, S. 103 (Bibliothèque de la Pléiade).
Χαιρε – griech. «seien Sie gegrüßt».

15

2 | IV | 76

Lieber Heinar Kipphardt,

in einem alten Notizbuch aus den 30er Jahren finde ich diese Notiz: Die Sünden und Untaten die heute geschehen, sind Symptome *einer* Krankheit. Vielleicht hat es Kütemeyer gesagt, ich weiß nicht... Viele schöne Grüße en avant, Ihr Grieshaber
Sicher kennen Sie die ... «Lage der Psychiatrie in der BRD»?! Jeder 5. war in Behandlung, jeder Tag 1 Million!

Handschriftlich auf Holzschnitt: Kleine Fahne, vgl. *Engel der Psychiatrie* S. 5 (WV 76/14). Original in Privatbesitz (Pia Kipphardt).

Kütemeyer – Wilhelm Kütemeyer (1904–1972), Arzt, Schriftsteller und ein früher Psychosomatiker, veröffentlichte u.a.: Körpergeschehen und Psychose. Stuttgart 1953.
Lage der Psychiatrie – Materialsammlung zur Enquête über die Lage der Psychiatrie in der BRD. Schriftenreihe des Bundesministers für Jugend, Familie und Gesundheit. Stuttgart u.a. 1973 (Tl. I, II), 1974 (Tl. III, IV). – Kipphardt besaß die Bände.

16

3 | IV | 76

Lieber Heinar Kipphardt,

die klugen Leute glauben: «das Irrenhaus, das Erbschleichern und skrupellosen Ehegatten einen gesunden Lästigen abnimmt, gibt es wohl nur in Romanen und Filmen...» Was für ein Irrtum! Das «Volk» denkt nämlich so und die Kranken wissen das. Eine moralische insanity bekommt danach neues Futter. Gruß an März, es ist bald übermorgen herzlich Ihr Grieshaber
PS. Jetzt mache ich den Umschlag für den Engel.

Handschriftlich auf Holzschnitt: Stop, vgl. *Engel der Psychiatrie* S. 7 (WV 76/15). Original in Privatbesitz (Pia Kipphardt).

4 | IV | 76

Lieber Heinar Kipphardt,

z. Zt. spricht man viel von dem Museum der l'art brût in Lausanne. Es ist eine Slg. von Jean Dubuffet. Wir schrieben uns gleich nach der Befreiung. Er hatte aber eine ganz andere Meinung über das private Theater der Laien, die er gesammelt hat. Von der Möglichkeit die Mechanismen des «Normalen» in der Gesellschaft herauszufordern wollte er nichts wissen. *Heute* (6.4.76) finde ich in Newsweek eine Abb. aus der Slg. Da war ich also doch nicht weit davon mit meinen Holzschnitten! Grand salut!
      Ihr Grieshaber

PS. Was Miro seine 3jährige Tochter sind für Dubuffet solche Primitivismen: une belle anomalie. Er hat sich infiziert.

Unter eine aufgeklebte Karikatur (1: Doktor klopft mit Hämmerchen bebrilltem Mann aufs Knie, 2: Die Brillengläser sind zersprungen):

Antipsychiatrie? Drehtürpsychiatrie? Sucht sich die Psychiatrie ihre Patienten aus? *Patient* Psychiatrie?

S. 4
Vorwort mit
S. 56 der Wahn bricht aus...
S. 6, 8, 10, 12, 14, 15 mit 32 Gedichten von März
Flugblatt 2 x gefalzt
Rückseite
Holzschnitt
Parade der Figuren
«Die sieben Todsünden» in Schwabacher geschnitten.

Handschriftlich. In der rechten unteren Ecke aufgeklebte Reproduktion eines Bildes von Jean Dubuffet: Mann mit Schlange. Original im DLA.

5. April 1976

Lieber Hap Grieshaber,

die Blätter werden immer schöner, immer gedankenreicher, immer bissiger, immer grieshaberischer, und ich bedanke mich sehr. Das wird eine wichtige Sache von uns beiden, und ich überlege, was ich tun kann Ihre Arbeit zu begünstigen. Einmal schicke ich mit gleicher Post das Buch, das jetzt ausgeliefert wurde, das liest sich vielleicht angenehmer als Druckfahnen. Dann überlege ich, welche Texte ich in Verbindung mit den Holzschnitten vorschlage, das bekommen Sie in den nächsten Tagen, ohne Sie natürlich an diese Vorschläge binden zu wollen. Dann meine ich, sollte ich zu Ihnen kommen auf ein oder zwei Tage und wir reden, welche Komplexe der psychiatrische Engel berücksichtigen sollte. Vielleicht brauchen wir doch eine Doppelnummer. Und ich will natürlich auch mehr als 5 Holzschnitte. Über die Verbindung Text und Schnitt müssen wir reden, es müssen da viele Entdeckungen zu machen sein und Unverschämtheiten, wir stellen uns ganz auf die Seite des Schizos, des Beisichseinwollenden, des produktiven, verletzlichen, ungenormten, anpassungsunfähigen Gegenentwurfs zur fremdbestimmten Leistungsgesellschaft. Auch in verstümmelter, kaum entschlüsselbarer, zerstörter Form ist ein Gegenentwurf die Betrachtung wert. Will sagen, wir müssen auch auf ein Moment der Utopie in der Schizophrenie kommen, wenn sie auch zerstückelt und unkenntlich gemacht ist. Es gibt viele solcher Momente in März, stark in den schweizer Notizen des Nachtrags. Aber ich wollte gar nicht darüber schreiben, sondern mit Ihnen ausgedehnt reden.

Die herzlichsten Grüße, besonders auch an Frau Hannsmann,
    Ihr
    Heinar Kipphardt

Maschinenschriftlich. Briefkopf: DR. HEINAR KIPPHARDT · 8059 ANGELSBRUCK · POST REICHENKIRCHEN · TELEFON 08762/1899. Durchschlag im DLA.

Hannsmann – Margarete Hannsmann (*1921), Lyrikerin, Erzählerin, seit 1967 Lebensgefährtin Grieshabers.

19

CLAASSEN HERBST 1976

ENGEL DER GESCHICHTE Nr. 23

Ein «Engel der Psychiatrie» mit 7 Farbholzschnitten + Vignetten vom Original gedruckt
Texte: Heinar Kipphardt und hap grieshaber

Eine Verbindung von Text und Schnitt, die zu Entdeckungen einlädt und vor Unverschämtheiten nicht zurückschreckt, indem der Engel sich ganz auf die Seite des Schizos stellt: des Beisichseinwollenden, des produktiven, verletzlichen, ungenormten, anpassungsfähigen Gegenentwurfs zur fremdbestimmten Leistungsgesellschaft.
Auch in verstümmelter, kaum entschlüsselbarer, zerstörter Form ist ein Gegenentwurf die Betrachtung wert.
«Will sagen, wir müssen auch auf ein Moment der Utopie in der Schizophrenie kommen, selbst wenn sie zerstückelt und unkenntlich gemacht ist» (Heinar Kipphardt)

9 | IV | 76

Lieber Herr Beckmann,

rasch wie immer hier der Text für die Ankündigung. Dazu ein Schwarzweiß Zusammendruck aus den farbigen Holzschnitten. Bitte retour.

Schöne Grüße
erg. Grieshaber

Maschinenschriftlich, Kipphardt zur Kenntnis geschickt. Abschrift im DLA.

Beckmann – Gerhard Beckmann, Verleger, Übersetzer, Journalist; damals Leiter des Claassen-Verlags.

20

Graubünden am Gründonnerstag

Lieber Heinar Kipphardt,

den schweizer Nachtrag mit viel Vergnügen gelesen. Bitte verzeihen Sie, es mußte erst alles «gewaschen» werden. (Man kann sich ja waschen

sagten die Berlinerinnen nach der Besatzung.) Erst mußte kein Holz und niemand in der Nähe sein! Es ist nämlich gar nicht so, daß der vieux illustrieren kann. Ich weiß nie, was ich mache. Es darf – soll vieldeutig sein und was herausgelesen wird, natürlich machte ich das auch! Die Röntgen von meiner Schulter – mon Dieu! wer das sieht, kommt dahinter. Es ist nicht zu glauben, das mit dem Holz...
In den Fahnen nichts gelesen – wenn auch jetzt das Buch. Nichts als das Buch! Darum also macht man die Eier bunt! Es ist dann nur halb so schrecklich, sogar froh! Ab heute ganz zu Ihren Diensten. Da liegt das Buch in Indigo verpackt. Richtige Laienkunst zum Entrée. Beim lesen hat es eine Legierung bekommen aus Metall das schwerer ist wie Blei. Wie eine fette Sache liegt es da. Es darf wie beim Osterkuchen nicht gesprochen werden. Die Minderheiten bekommen einen guten Teil ab. Sind wirklich und können deshalb nicht verbrannt werden. Vielen Dank! Sie sind wahrhaft auferstanden! Aber Ihr Buch ist auch ein vergnügliches Buch. Es macht Spaß es in einem Zug auszulesen. Wie ein Freund liegt es vor mir. Habe Lust zu rauchen (aber mein Hochmut ist ohne Grenzen), ein Weinchen aus Württemberg vom mittleren Weinsbergertal (dort drucken sie den Engel der Geschichte) habe ich aus dem Keller geholt. Auf Ihr Wohl! Ein Glas hat 80 Kalorien. Es ist sowieso inzwischen Karfreitag geworden. Bin kein Karfreitagschrist. Da ging der Vater im Zylinder in die Kirche. (Auf den Vater haben Sie sicher gewartet. Io te absolvo te). Es ging um den Zylinder. Seine Feierlichkeit verdankt er (Pardon Mme. Pia es ist so) seiner zylindrischen Form und seiner Farbe dem Schwarz! Eine schwarz gestrichene Konservendose tut es auch. Darum trugen die Herren vom Generalstab schwarze Stiefeletten! Oder haben Sie Hindenburg je mit Halbschuhen gesehen? Warum sind denn die Russenfeldherrn tüchtig? fragten sie mich weil sie hinten burg nicht leiden konnten». Ich bringe das etwas durcheinander. Bin Alkohol nicht mehr gewöhnt. 3x80 kalo... und schon betrunken. Gewohnheit ist alles! Scheiß auf die Gewohnheit. Warum laufen sie sagten die russischen Offiziere? Wenn sie laufen. Ja, dann... (Und sie liefen ums Paradies und hatten es gern) wenn man sie erwischte! 3 Glas war doch zuviel!

Ich trinke mir Mut an. Sind nicht die Seiten 145, 156, 166, 184, 186, 187, 228 ein wenig au dela de la peinture? Der Engel hält dankbar seine Schürze auf. Er empfängt Sie in der Putzschürze!

240 Kalorien! Prost! Hüsslinsülz. Amtl. Prüf. Nr. 04607074. Und daß mir keine Beschwerden kommen! Lauter Ausrufezeichen! Und das am heiligen Karfreitag! Ach März...

17.9.1952 «das erste Scheidungsbegehren wegen Geisteskrankheit wurde vom Ehemann zurückgenommen, weil die Vormundschaft statt an ihn an die Schwestern gegangen war und diese die Klägerin in eine feste

Anstalt bringen wollten, damit sie für immer weg ist. Nur deshalb hat der Beklagte sein Scheidungsbegehren zurückgenommen, damit seine Ehefrau nicht für immer eingesperrt wird. Beim 2. Scheidungsbegehren nahm er die Alleinschuld auf sich, um nicht den durch die Ärzte festgestellten Zustand für sich auszunützen. Er wollte seiner Frau die Freiheit erhalten. Von Anfang an bestand die Ehe als Schutzfunktion eines völlig mittellosen Soldaten für eine Frau, die in ständiger großer Gefahr war.» 28.10.74 «insgesamt ist nach dem, was bisher vorgetragen ist, Ihre rechtliche Situation nicht gut. Es hat gar keinen Sinn, dies nicht klar auszusprechen. Nicht nur die rechtliche Situation, sondern auch die psychologische wird beim Gericht eine Einstellung erzeugen, die zugunsten der armen, 72jährigen, unschuldig geschiedenen und zumindest geistig labilen Frau ausfällt..» Wenn die Angelegenheit mit einer Abfindung in Höhe von DM 90.000 aus der Welt geschafft werden könnte, so wäre dies ein «Gottesgeschenk»

Ostergrüße Ihr Grieshaber

Maschinenschriftlich, 15.4.1976. Zeichnung mit Blei- und Filzstift: Strauß mit Osterhasenkopf und reitendem Engel legt Eier ins Nest. Original im DLA.

Buch in Indigo ... Laienkunst – Die Erstausgabe von Kipphardts Roman *März* (München, Gütersloh, Wien 1976) hat einen indigofarbenen Schutzumschlag; die Titelillustration von Katrin Mack (*1941), *Krankenhaus in Schleswig*, zeigt eine psychiatrische Anstalt, davor Patientinnen in Anstaltskleidung. Mack nennt als Anreger Henri Rousseau und Marc Chagall.
Hüsslinsülz – Hößlinsülz ist ein Ort bei Löwenstein, östlich von Heilbronn, in einer prominenten Weinbaugegend; daher die «Amtl. Prüf. Nr.». *–sülz* ist eine verbreitete Endung für Orts- und Flurnamen im Schwäbischen und bezeichnet eine feuchte oder sumpfige Stelle. *Hößlin* kommt hier von der Hasel, über die ältere Form *Höslin* hat Hößlinsülz auch die Nebenbedeutung *Kinderscheiße*.
17.9.1952 ... 28.10.74 – wohl juristische Gutachten im Zusammenhang mit Lena Grieshaber, geb. Krieg (1901–1983), Grieshabers erster Frau. Er hatte sie 1941 geheiratet, um sie vor der nationalsozialistischen «Euthanasie» zu schützen; die Ehe wurde 1952 geschieden, nachdem er die Malerin Riccarda Gohr (1907–1985) kennengelernt hatte. Vgl. Margarete Hannsmann: Pfauenschrei. Die Jahre mit HAP Grieshaber. München und Hamburg 1986, S. 81–88.

21

20 | IV | 76

Lieber Heinar Kipphardt, ich freue mich auf den Besuch. Also bin ich der alte Mann ... Beleuchter verstehen nicht. Als das Berliner Ensemble in Stgt. den Beleuchter mit an die Rampe liess, sprang er prompt ab und blieb im Westen. Ob Sie aus den Briefen, die ich – ohne sie gelesen zu haben – geschrieben habe etwas machen könnten? Können schon, das weiss ich, aber wollen?

Auf gutes Wiedersehen
        Ihr Grieshaber

Handschriftlich. Aufgeklebtes Buchstabenbild für den «Feuervogel». Auf der Rückseite gedruckter Brief «An den Beleuchter der Städt. Bühne Heidelberg», der das Ballett z. T. bis in einzelne Szenen kommentiert: «[...] hier schreibt jemand, der nichts vom Theater versteht. Auch meine Gleichnisse geben nicht das Gesamtkunstwerk, an dem Sie arbeiten. Ich bin schon froh, wenn die Brechung des Lichts genau ist. Unsere junge Kunst steht mit der Sonne weit im Westen. Achten Sie nicht darauf! Tun Sie als ob es Morgen wäre, lassen Sie eine Sonne aufgehen über einem russischen Märchen. [...] Die Berceuse des Feuervogels nach seinem Sieg über den Zauberer geht aus Dunkel und Ungemach über in ein mildes Licht. Rote Fahnen wehen! (Schon im frühen Mittelalter gab es in Sibirien eine Sekte, die rote Fahnen angebetet hat. Rot heißt in der russischen Sprache auch schön.) Rot senkt sich der Zwischenvorhang wieder zum Allegresse Génerale. | Ihr Grieshaber». – Original im DLA.

der alte Mann – evtl. Anspielung auf ein Sprichwort? Vgl. HAP Grieshaber: ortus sanitatis. 32 Aquarelle, Hg. Rolf Schmücking. Braunschweig 1979; dort hinter Grieshabers Einleitung als Faksimile seiner Handschrift: «ein alter Mann in Liebe ist wie eine Blume im Winter».

22

24. April 76

Lieber HAP Grieshaber,

für den schönen Tag auf der Achalm bedanke ich mich herzlich. Mir scheint, wir haben ganz gut gearbeitet, und ich bin zuversichtlich, daß unsere erste Zusammenarbeit was Wichtiges ans Licht bringt. Immerhin habe ich Sie veranlaßt, ein paar Sachen herauszulassen, die ohne mich vielleicht in Ihnen versteckt geblieben wären. Während unserer Arbeit habe ich manches an Ihnen besser verstehen gelernt, und so kam die Übereinkunft schnell. Wir sind uns (ich hoffe, das wir ist richtig) näher gekommen. Jedenfalls habe ich in ein paar zugenagelte Verschläge geblickt, und da lag so einiges, was man gesehen haben muß, um den Grieshaber zu verstehen, und manches will der Grieshaber selber vielleicht ungesehen dort liegen lassen und läßt es nur gelegentlich in den schneidenden kaputten Arm hinein. Ich freue mich, Sie so bald wiederzusehen, wenn auch aus diesem miesen PEN-Anlaß.

Auf der Fahrt zurück im Schneeregen, den zurückflutenden Blechlawinen entgegen, fiel mir ein, was mir John Heartfield mal sagte, als er seine Arbeitsweise begründen wollte: «Wir haben die Fotomontage nur gemacht, weil die Fotos doch so ungeheuer lügen.» Vielleicht ist das ein Motiv, sowas Unbeschreibbares wie Kunst zu machen, die platten Informationen über unsere Wirklichkeit, die Ideologien der Oberflächenbeschreibung, lügen so ungeheuer.
Ich bedanke mich auch schönstens bei Frau Hannsmann.

Herzlich Ihr H. K.

Maschinenschriftlich. Briefkopf: DR. HEINAR KIPPHARDT · 8059 ANGELSBRUCK · POST REICHENKIRCHEN · TELEFON 08762/1829. Durchschlag im DLA.

kaputten Arm – Grieshaber wurde 1967 beim Versuch, eine ausgebrochene läufige Stute einzufangen, die Schulter zertrümmert. Nach langwierigen Operationen wiederhergestellt, konnte er seitdem nur unter Mühen ins Holz schneiden; besonders in der kalten Jahreszeit blieb diese Arbeit mit Schmerzen verbunden.
PEN-Anlaß – Grieshaber, Hannsmann und Kipphardt waren Mitglieder des PEN-Zentrums (Bundesrepublik); vom 29.4. bis 1.5. fand eine Jahresversammlung des Clubs in Düsseldorf statt.
Heartfield – Kipphardt war in seinen Jahren in Ostberlin nach 1950 mit John Heartfield (1891–1968) und seinem Bruder, dem Verleger Wieland Herzfelde, befreundet.

23

Mittwoch
im Mai

an den tanzenden März: die Blüten fallen schon aber der Engel hängt
die Flügel (sie denken schon wieder an Engel)

Ohne Unterschrift. Handschriftlich auf Aquarell / Filzstift: Tiermann zwischen Bäumen mit fallenden Blüten, Engel mit ausgebreiteten Armen. Original im DLA.

24

Bauren seind ainig worden
Und kriegen mit Gewalt
Sie hand ain großen Orden
Und seind auf (aufständisch) manigfalt
Und Thund die Schlösser zreissen
Und brennen Klöster aus,
So kan man uns nit pseyssen,
Was sol ain bös Raubhaus?

    Euer
    hap

Bis auf die Grußzeilen maschinenschriftlich. Nicht datiert (1976). Über dem Text braunes Aquarell: Gebückter Mann mit Hacke. Original im DLA.

25

4 | V | 76

Lieber Heinar Kipphardt

Ihr Bahnhofvorstand freut mich immer noch. Es ist wieder Zeit fürs Holz. Wir können bald drucken. Sie haben gesehen: «Claassen» ist ein Zimmer Verlag. Dorthin soll das Geld nicht gehen.

So long
viele Grüße an Frau Pia auch Ihr Grieshaber

Handschriftlich mit Aquarell: Mann mit roter Kappe im Feuer, Auge auf Beinen, darüber Schlange. Original im DLA.

Bahnhofsvorstand – Möglicherweise bezieht sich Grieshaber auf eine Passage aus Kipphardts Komödie *Die Nacht, in der der Chef geschlachtet wurde* (Uraufführung 1967, Erstdruck 1974). Dort erinnert sich der karikierte Kleinbürger an eine Bahnhofsszene seiner Kindheit, sein frisch verstorbener Vater hat ihm einen Satz gesagt, «der mit eine Lehre fürs Leben gewesen ist, wie der Zug herausgefahren ist, einen einfachen Satz [...] in seiner stillen, schlesischen Art, hat er gesagt: ‚Nu, Pirschla, doas doampft.' Eine Lehre. [...] Nu, Pirschla, doas doampft. Das Unfaßliche». Zit. n. Heinar Kipphardt: Die Nacht, in der der Chef geschlachtet wurde. In: H. K.: Stücke 2. Frankfurt am Main 1974, S. 117–185, hier S. 166f.; vgl. Brief **36**.

26

11 | V | 76

Lieber Heinar Kipphardt,

das Vorwort wartet, die Postpferde kommen leer an leer ist das Atelier und eng sind die Schiffe. Wir haben Ratgeb angerufen und warten. Salute Ihr Grieshaber

Handschriftlich. Aquarell: Mann mit roten Rädern (Soldat?). Original im DLA.

Ratgeb – Jerg Ratgeb (eigtl. Jörg Schürtz, * zwischen 1480 und 1485, †1526), Maler zwischen Spätgotik und Manierismus, der in den Bauernaufstand gegen das habsburgisch besetzte Stuttgart verwickelt war. Er wurde wegen Hochverrats angeklagt und Pforzheim geviertelt, erlangte dadurch bei einem Teil der Forschung und auch bei Grieshaber den Status eines Märtyrers, geradezu die Ikone einer gescheiterten Revolution. – Grieshabers Engagement für Ratgeb und den Bauernkrieg ist grundlegend versammelt in: Vom Bauer und seinem Kampf für Freiheit. HAP Grieshabers «Flugblätter für den gemeinen man» 1933–1979. Ausstellung und Katalog: Hans-Dieter Mück. Bietigheim 1991. – Kipphardt ließ sich zu dem Gedicht *Jerg Ratgeb von Grieshaber* anregen (1976): «Vier starke Pferde | wie (technisch) zerreißt ein Mensch | wo bleibt das Glied | wo der Kopf | was für Gedanken | macht er | denen | die seine Stücke betrachten? | Nur dieses Glück | nicht der | Ratgeb zu sein» (UP S. 229).

21. Mai 76

Lieber HAP Grieshaber,

endlich die zusammengestellten Texte. Wenn es Probleme gibt, telefonieren wir. Das Vorwort unterschreiben wir gemeinsam, ich meine, es darf so lang sein, weil die Fragen doch schwierig sind, und der Text ist auch sehr gut. Für das Flugblatt habe ich wenig Text ausgewählt, auf Flugblättern soll ja nicht soviel stehen, aber gutes. Über ‚Was ist normal?' haben wir geredet, ich fände den Text ganz schön am Ende weil er mit dem ausbrechenden Wahnsinn am Ende des Vorworts korrespondiert. Sie haben natürlich alle Freiheit Texte wegzulassen oder andere aufzunehmen in Ihrem Engel, Sie sagen mir das halt dann. Ich freue mich ganz außerordentlich, was mit Ihnen gemacht zu haben, und ich hoffe sehr wir machen bald was Neues. Vielleicht einen sehr nachdenklichen Oktoberengel, wenn ich den Radek gemacht habe?
Machen Sie mir die Freude, lieber Grieshaber, verehrter, verschlungen denkender, und schicken Sie mir das Flugblatt mit den Schwarzteilen? Ich will es ein bißchen vor mir an die Wand pinnen.

Die schönsten Grüße an Margarete Hannsmann.
Seien Sie umarmt

PS. Impressum

Nachgedacht habe ich über die Glühbirne mit der Wundenhand, das ist eine verblüffende Verkürzung, aber man wird das ohne Kommentar nicht leicht verstehen, aber dann eben mit Kommentar.
Einwand 1: Die Leninsche Formel ist herausfordernd massenwirksam aber auch flach. Der Gang der Geschichte hat sie nicht bestätigt.
Einwand 2: Die Sache könnte mit der Wundenhand eine enorm religiöse Symbolwirkung haben, und mir passt es nicht sehr, menschliche Befreiungsbewegungen in religiöse Zusammenhänge gebracht zu sehen.
Beide Einwände liessen sich wohl in der Arbeit aufheben, und wenn Sie sich dazu entschliessen, stehe ich mit meinen Anmerkungen vielleicht dumm da.
Herzlich

Ihr Kipphardt

Titel *
1
Kolophon

S. 6
das weiße Wiesel
der schwarze Radfahrer
wenn ich einen Fisch esse
das Wasser
Drais
Haus, hausen, Hausboot

S. 8
der Vater
die Mutter
die Familie
das Kind
der Vater ist
durch das Auge kannst du
das Glück

S. 10
das Netz
was kostet Alexander
hell lesen wir am Nebelhimmel
ich schäle mich in ein dauerndes Nichts
wer hier ist, ist nicht dort
das Leben
der Winter
an der Quelle saß der Knabe

S. 12
das Schweigen
die Uhr
Auge, faß! weiß oder grau
der Schnee
der Tod

S. 14
das Lieben
was möchte Alexander
das Blut scheint zuweilen rot
das Leben ist schön
der Tod ist

S. 15
der Tod ist ganz groß
Was ist normal?

Der Engel der Geschichte 23 herausgegeben von hap grieshaber im Claassen Verlag Texte Heinar Kipphardt, März, Gedichte S. 6, 8, 10, 12, 14 In Grieshabers Handschrift: folgen die Titel
Mit 4 Farbholzschnitten und 3 Schwarz-weiß Holzschnitten alle vom Stock gedruckt.

Das Flugblatt für den Engel der Psychiatrie wiederholt in verschlüsselter zerstörter Form die Figuren des Engels. Den Text schrieb Heinar Kipphardt.

Copyright (C) by Claassen Verlag Düsseldorf; alle Rechte an den Schnitten verbleiben beim Künstler. Die Gesamtherstellung besorgte die Buchdruckerei Wilhelm Röck in Weinsberg. Printed in the Federal Republic of Germany 1976 - ISBN ....

Grieshabers Handschrift: Kolophon 2 bitte das Abdruckrecht so weit notwendig und so viel wie nötig einfügen: «März»

Maschinenschriftlich. Das Impressum auf Kipphardts Schreibmaschine getippt, dann von Grieshaber für den Verlag handschriftlich bearbeitet; der Absatz «S. 15 [...] normal?» ist gestrichen. Original im DLA.

Radek – Kipphardts Projekt über Karl Radek ist über ein Konvolut mit gesammelten Büchern und Materialien nicht hinausgekommen (vgl. Sven Hanuschek: Heinar Kipphardts Bibliothek. Ein Verzeichnis. Bielefeld 1997, S. 185–187). Stefan Heyms Roman *Radek* (München 1995) ist dem Gedenken Kipphardts gewidmet.
Flugblatt mit den Schwarzteilen – Entwurf für die Doppelseite im Flugblatt des *Engels der Psychiatrie*; auch in Heinar Kipphardt: Angelsbrucker Notizen. Gedichte. München 1977, S. 110f.
Glühbirne mit der Wundenhand – Grieshaber hatte im Schaukasten vor einer Kirche an der Transitstraße zwischen Greifswald und Oranienburg die Laienzeichnung einer elektrischen Birne gesehen, die im Inneren statt des Glühdrahtes eine Hand mit Wundmal hat. Vgl. Sancho Pansa [d.i. Margarete Hannsmann]: Chauffeur bei Don Quijote. Wie hap Grieshaber in den Bauernkrieg zog. Düsseldorf 1977, S. 83f.; dort sind auch Kipphardts briefliche Einwände zitiert.
Leninsche Formel – «Kommunismus – das ist die sowjetische Macht plus Elektrifizierung des ganzen Landes.» Zit. n.: Chauffeur bei Don Quijote, S. 84.
Kolophon – Impressum eines Buchs, das am Schluß angebracht ist; beim *Engel* auf der Umschlag-Innenseite, also ein ‹echtes› Impressum, kein Kolophon.

22 | V | 76

Lieber Heinar Kipphardt

die arbeiter und bauernmacht dankt für das Vorwort es ist gut so. Keine Faxen!

Während die «Unvereinbarkeiten» der Herren Sternberger & Olaf Paeschke überall bös vorankommen versucht Ihr vieux in das Detail etwas Ordnung zu bringen. Sie glauben nicht, wie böse die Kinderchen dann werden. Warum müssen alle bloß so fehlerlos sein? Das volle Bauernkriegs- und Jubiläumsjahr verfolgte uns dieser Holzschnitt mit der so tun Freiheit. Programmtitel der Bauernoper von Karsunke, Titel der Materialien zur Kunst der Bauernkriege von der Fachschaft Kunstgeschichte in Bochum, Umschlag der Mappe zeitgenössischer Graphik zum Bauernkrieg der DKP in Bamberg, das große Plakat der KKW-Gegner von Wyhl soweiterundsofort bis zum Asta in Hohenheim. Irgend ein Klugscheißer hat die Unterschrift gelesen, die im Deutschen Bauernkrieg von Friedrich Engels dem Titel gegenüber steht (heilig, heilig!!): «revolutionärer Bauer mit Sturmfahne». Kommt wohl von Reichssturmfahne? Erstens ist es kein Bauer, sondern ein Landsknecht der da die Fahne schwingt. Zweitens sahen die Fahnen der Bauern besser aus. Auch wollten die Bauern keine Landsknechte (sie kamen gerade von Pisa) beim Haufen haben! Fahnenschwingende Landsknechte schon gar nicht. Die gibt es nur als Spottfigur bei Thomas Murner einem Papisten im Elsaß. Er druckte die Gegenpropaganda der Obrigkeit. Gleich 3 solcher Fahnenschwinger. Voll Dünkel hat sich jeder ein Symbol der Kaiserlichen angeeignet in seiner Streitschrift gegen den «großen lutherischen Narren». 3 Losungen: Evangelium, Wahrheit, Freiheit. (natürlich ironisch gemeint.) Was jetzt also zum Jubiläum von (immer dieselben) geschwungen wird, ist purer Hohn, spuckt Gift und Galle. Freiheit wird also hier mißbraucht. Sie ist für den Pamphletisten ein Mittel um menschliche Interessen und Wünsche zu unterdrücken; indem man sie dem Gegner unterschiebt, ist sie für die Befreiung des Menschen verdorben.

Frau Dürer ist auch nicht vom Marktplatz wegzubringen, wo sie angeblich Holzschnitte verkaufen soll. Da war die große Zeit der Flugblätter und Einblattdrucke der billigen Holzschnitte für Jedermann die in Kneipen und auf dem Markte feilgeboten wurden längst vorbei. Mme. Duerer hat an Bischöfe, Kurfürsten und Könige verkauft. Ein Pelz gegen einen Holzschnitt. Die hatten die Troglodyten in den Kellern von Martin Walsers Nürnberg geschnitten. Schön der Spur nach und gehorsam.

Während der Urugroßvater von Menzel die Peitsche schwang. Holzkopp, Holzkopp ...

Gestern kam meine Schizo unbemerkt ins Haus, wollte Geld. Aber ich war wütend, da sie von mir eine hohe Rente hat und schimpfte darüber, wie man 72 Jahre alt werden kann und nicht zu arbeiten brauchte. Da lächelte sie und sagte: «aber wir arbeiten doch alle». Mir war, als habe ein Engel das gesagt und es neigten sich die Lilien auf dem Felde ...... War sehr vergnügt wie ich die offengelassene Türe wieder verschloß. Eine schöne Zeit ist es mit Ihnen lieber, guter Freund. Anstatt einem Gläschen ab und zu ein Gedicht von März, das tut gut. Vielen Dank so hält man sein Gewicht. Die Gespensterchen ziehe ich noch ab für Sie und grand salut Ihnen [hs.] und Frau Pia, auch Dank fürs tippen

    Euer
        Grieshaber

Eine Nachpost mit Gras mon cher confrère zum Vorwort sei erlaubt. Es gibt große Lügen, kleine Lügen und Statistiken. Kann man das von dem was wir beide zu sagen haben, was also von uns ist, davon eliminieren? Oder tue ich Ihnen unrecht und es ist Ihre Statistik? Sollen die das unterschreiben, die hier recherchiert haben! Ich möchte mich zu Ihnen in den Schnee neben März legen mit meiner Unterschrift. Das heißt ich müßte wohl im Vorwort auch als Partner, Copain, Mitschuldiger, Münchhausen der nach seinem Schopf greift, erscheinen. Es sollte doch ein Strauß werden, ein bouquet? Wozu der vieux nicht lateinisch mitzureden braucht. Es genügen einige Bilder von mir, die Sie neben sich stellen ... – Gewiß, es paßt Ihnen nicht menschliche Befreiungsbewegungen in religiöse Zusammenhänge gebracht zu sehen. Ich weiß, wer etwas von Kinderzeichnungen versteht, der kann Kindern gegenüber nur einen Schutzmann machen um sie zum malen zu bringen. «Ruhe, wascht die Hände, nimm gefälligst sauberes Wasser, abgeben» etc. Wer das Anderssein erkennt, ist schon dafür verdorben. Die Bilder einmal verbraucht d.h. als Illusion erkannt, sind nicht wiederzubringen. Da haben Sie recht. Pfaffen segnen alles, sie dichten uns was an, nur um uns unterzubringen, wie manche Ärzte dem Schizo das Abi. Drinnen ist es dann auch nicht anders wie draußen. Die Diagnose hat immer noch den schlechten Ruf oder besser gesagt Brandgeruch, davon möchte ich sie etwas befreien. Auch der Künstler will nicht zuvörderst Vollkommenheit sondern das Neue. Vielleicht haben beide das gemeinsam, die Psychiatrie und die Kunst von heute, sie werden dem Menschen nicht mehr gerecht. Beuys z.B. wurde mit seinem Krieg nicht fertig und darum stellt er uns hin was ihn bedrängt. Er belastet so unsere Psyche. Da wird mit dem Numinosen, dem Edelschauder viel Schindluder getrieben. Spuken sollen die Bilder nicht spucken! Wenn ich schneide bin ich auch entrückt, jedoch nicht verrückt. Meine Bilder sind nicht «das Verrückte»! («wichtig für das Reichsinnenministerium, das sich dann mit der Frage zu beschäftigen hätte, wenigstens eine Vererbung derartig grauenhafter Sehstörungen zu unterbinden.» A.H. zur Eröffnung des Hauses der Deutschen Kunst in Mchn.) Sie haben sterilisiert!!! Une belle anomalie zu machen ist eine Eigentümlichkeit, die das Individuum eben hat, hirnrissig muß es deshalb nicht sein. Ich denke meine eigene lebensgeschichtliche Entwicklung, ihr Mittelstück – müßte ablesbar machen, was damals relativiert worden ist: sie gaben ihnen den kleinen Finger und es war die ganze Hand. Alles war inhuman, weil es das Ganze des Menschen aus den Augen verloren hat. Bilder müssten es sein nicht Theorien. Von dorther stammt die Birne mit der Wundenhand! Gesellschaftliche und gesellschaftspolitische Aspekte waren damit nicht angeschnitten. Es gab einen Moment der Einsamkeit (der mich auch meine Schizo für gesund ansehen ließ), so groß, daß mir jedes Formular des Upomonē, des Darunterbleibens im attischen Doppelsinne (Nicht mit Demut wie in der Übersetzung der Evangelien steht, zu verwechseln) gewaltig erschien. Knien zum Beispiel. Der Wachheitsgrad allem und allen gegenüber mußte immer stärker betont werden. Ich führte jeden Abend Buch über die Worte die im Schwange waren: Tankzeitalter, Freugemüse, Kinderfrohheit etc. «Ja wir Juden sind unser Unglück» sagten die Juden! «Die Russen spüren das nicht so wie wir» sagten die französischen Widerstandskämpfer als ich vom Kommissarbefehl erzählte usw. On est jamais tranquille avec ces gens la. Verzweifelt suche ich ein Sprachbild aus dieser Zeit. Ein Bild, das Sie mit hinein nehmen können als Bild. Zu Ihren Worten stellen, wie man Gras nimmt einen Blumenstrauß zu runden. Wodurch man sieht, wie sich in bestimmten Trennungen und Einigungen wir uns anders verhalten, anders sich erleben lassen, verletzlicher sind................

Wichtig ist Kenntnis von der Wiederbelebung und der Schutz bei den Kurven die gefährlich sind.

noch mehr Gras
verte subito

Ein Beispiel, wie tief in die Praxis manches eingedrungen ist, gab mir der Freundeskreis zur Unterstützung des Suchdienstes für politisch, rassisch und religiös Verfolgte in Hbg. Der damalige Innenminister hatte verboten ein Totenbuch mit ca 50 000 Namen in deutsch, kyrillisch, polnisch, jugoslavisch, griechisch, holländisch, ungarisch, tschechisch, russisch und dänisch zu drucken, ca 50 000 Namen. Der Druck kostete 75 500.- DM, die ich fast ganz aufgebracht habe. Das ist unwichtig. Wichtig ist, daß der Freundeskreis – er bestand aus einem Mann, der überlebt hat – folgende Notiz im Buch haben wollte:
«In der Nacht vom 20. zum 21. April 1945 wurden in Hamburg in der

Schule Bullenhauserdamm untenstehende Knaben und Mädchen, an denen man im Konzentrationslager Neuengamme medizinische Versuche gemacht hatte, ermordet. *Ihre einzige Schuld war, daß sie jüdische Eltern hatten.* Ich schlug vor zu sagen: .. «daß sie Juden waren». Aber das ging nicht! Für den Freundeskreis sei damit das Buch (das ja für die Standesämter im Osten gedruckt worden ist) wertlos. Ich druckte trotzdem ohne die Fehlleistung. Ich habe nie mehr etwas davon gehört. Außer einem Flugblatt auf dem obiger Text und die Namen der Kinder standen.

Wechsel zwischen Handschrift, um die Holzschnitte herum, und Maschinenschrift. Außer dem faksimilierten Holzschnitt *Traktorist und Geiger* (WV 76/49), **Abb. 2**, enthält der Brief zwei weitere übermalte Holzschnitte: Schaufelbagger und Saxophonist – recte: Tubist – (WV 76/47), in die Schaufel Gras gemalt; Bagger und Bratschist (WV 76/48), ebenfalls mit aquarelliertem Gras in der Schaufel. Die drei zugrundeliegenden Holzschnitte stammen aus Reiner Kunze: Die Bringer Beethovens. Holzschnitte von HAP Grieshaber. Düsseldorf 1976. – Kipphardt hat bei der Redaktion des Vorworts für den *Engel der Psychiatrie* Teile dieses Briefs eingefügt. Original im DLA.
Paeschke – Olaf Paeschke (*1937) war Geschäftsführer der Bertelsmann-Verlagsgruppe. Der Zusammenhang mit dem Publizisten und Politologen Dolf Sternberger (1907–1989), von 1964–1970 PEN-Präsident und seitdem Ehrenpräsident, war nicht mehr zu klären.
Bauernoper von Karsunke – Yaak Karsunke: Bauernoper. Ruhrkampf-Revue. Mit einem Nachwort: Erfahrungen bei der alternativen Kulturarbeit. Berlin 1966.
Walsers Nürnberg – Martin Walsers *Sauspiel* handelt in Nürnberg. Das Stück ist HAP Grieshaber gewidmet, Grieshaber hat sich mit einem gedruckten Faltblatt revanchiert, das einen Bauernkriegs-Holzschnitt zeigt und in Kalligraphie die 10. Szene des Sauspiels: Ein Kunstgespräch über den Maler Jörg Ratgeb. Ein Exemplar dieses Faltblatts, undatiert, mit Grieshabers Widmung *für Heinar Kipphardt* findet sich im Kipphardt-Nachlaß (DLA). Vgl. Martin Walser: Das Sauspiel. Szenen aus dem 16. Jahrhundert. Frankfurt am Main 1975.
Ururgroßvater von Menzel – gemeint ist Albrecht Dürer. Adolph Menzel sah «die Aufgabe, das in unserer Zeit zu leisten, was dieser Phönix in der seinigen leistete.» In: Albrecht Dürer: Das gesamte grafische Werk. Druckgrafik. Köln 2000, S. 18.
meine Schizo – Lena Grieshaber, vgl. Kommentar zu Brief **20**.
Gespensterchen – das Engel-Flugblatt.
upomonē – griech. «zurückbleiben hinter».

29

Lieber Heinar Kipphardt

schön, daß Sie wieder da sind. Auch der vieux war wieder unterwegs bei den PAUERN. Nun zu unserem Flugblatt: gehört nicht die Statistik aus dem Vorwort dorthin. Dienstag ist mein Verleger aus Leipzig auf achalm und dann wollten wir zu Ihnen kommen. Wann?

Χαιρε
Ihr
Grieshaber

Handschriftlich; vgl. **Abb. 3**. Undatiert. Original im DLA.

Verleger aus Leipzig – Hans Marquardt (*1920), langjähriger Leiter des Reclam-Verlags.

30

10 | VI | 76

Lieber Heinar Kipphardt

Sie sind mir sehr nahe mit Ihrer Post. Ich danke Ihnen! Den 2. Tod habe ich weggelassen. Auf Seite 15 steht noch Ihr Vorwort. Zum Schluß «was ist normal». Das Vorwort ist 2spaltig. Links die Briefstellen des vieux und daneben die ganze Seite 2 und S. 15 Ihr Text. Das Kolophon muß noch ergänzt werden. Ich bitte darum.
Der Kamelengel kommt als Buch für die Buben hinterher. Für Frau Pia noch einen Gruß. Über das Geld: stehe dem Verleger auf dem Fuß.

Grand salut Ihr Grieshaber

Handschriftlich, mit zwei Zeichnungen in Kreide und Aquarell: Gekreuzigter in Fesseln; Stehender, den von hinten eine kleinere Figur anrührt. Original im DLA.

Kamelengel – HAP Grieshaber / Brahim Dahak: Nun sprechen die Kamele. Hamburg, Düsseldorf 1971 (Engel der Geschichte 16/17/18).

31

18 | VI | 76

Lieber Heinar Kipphardt

es ist mächtig schön gewesen und treibt mich noch immer um.

Ob es Frau Pia nach den Dolomiten besser geht? Ich wünsche es sehr. Für die Buben hier Kamele

je vous embrasse

    Ihr Grieshaber

Handschriftlich auf Holzschnitt: Erinnerung, aus dem *Engel der Psychiatrie*, S. 13. Vgl. **Abb. 4**, dazu auch WV 76/18. Original im DLA.

Kamele – vgl. Kommentar zu Brief **30**. Handschriftliche Widmung vom 19. Juni 1976, nach der eingedruckten «U Thant gewidmet»: «und darnach dem Haus am Wasser Kipphardt in Angelsbruck zur Erinnerung an die Nacht in Israel | Euer Grieshaber»; nach arabischen Schriftzeichen: «einmal gefangen wehrt sich nicht mehr | keep on fishing, | is'nt a fish | on the line | is'nt a crime | beg the hook | keep on – »

32

24 | VI | 76

Liebes Haus Kipphardt

Tschort heißt der Teufel auf russisch, aber der Teufel ist nicht so schlimm, wie er gemalt wird. Den auf der Rückseite hat mir Böll aus Russland mitgebracht. Eben war Jens hier und beklagte sich sehr, was für ein Spiel der Dolf Sternberger durch Schwab-Felisch mit ihm getrieben hat. Ich habs gewusst und das Schicksal von Schwab-Felisch hilft uns da auch nicht weiter.. Mein Ratgeb geht beim Bundschuh gut fürbass und barfuß. Nur den Esel und den Affen haben wir nicht mehr, jetzt, wo wir das alles brauchen würden (er hat einmal sehr schön nach Hilde Domin gebissen). Ich habe Sehnsucht und grüße Euch alle

herzlich Euer Grieshaber

Handschriftlich, auf einem Bogen mit zwei Fotografien: Skulptur eines Teufels; Grieshaber und Ricca Grieshaber vor der winterlichen Achalm, ein Islandpony führend. Original im DLA.

Böll – Grieshaber war mit Heinrich Böll befreundet. Zusammen mit Walter Warnach und Werner von Trott zu Solz haben sie die Zeitschrift *Labyrinthe* herausgegeben (1960–1962), Böll war schon Beiträger des ersten *Engels der Geschichte* (1964). Korrespondenz mit und einige Malbriefe an Böll sind abgedruckt in: Johannes Göbel und Wolfgang Glöckner (Hg.): Grieshaber. Der Holzschneider als Maler. Gouachen, Malbriefe, Aquarelle, Holzschnitte, Zeichnungen. Bonn 1989, S. 58–72.
Jens ... Schwab-Felisch – Es muss sich um eine PEN-Intrige handeln; wahrscheinlich geht es um eine Erklärung Jens' (12.5.1976) zur Einschränkung der Meinungsfreiheit in einem Druckerstreik, die als besonderes Mittel gegenüber Meinungsmonopolen (vor allem den Springer-Konzernen) gerechtfertigt wurde. Sternberger und Schwab-Felisch teilten diese Position nicht. Sternberger war Ehrenpräsident, Walter Jens neu gewählter Präsident, der Publizist Hans Schwab-Felisch (1918–1989) von 1974 bis 1978 Vizepräsident des westdeutschen Clubs.
Ratgeb beim Bundschuh – Im Rahmen einer «Bauernkriegswoche» an der Universität Stuttgart-Hohenheim entstand 1975 die studentische Kulturzeitung *Bundschuh*, die von Grieshaber unterstützt wurde.
den Esel und den Affen – Grieshaber hielt auf der Achalm zahlreiche und wechselnde Tiere, neben Esel und Affen auch Pferde, Pfauen, Schafe, Fasane, Papageien, Hühner, Enten, Katzen, Hunde und vietnamesische Hängebauchschweine.

Lieber HAP Grieshaber,

ich genieße Ihre Malbriefe sehr, empfinde meine Schreibmaschinenantworten als leblos, was aber zu den Fragen paßt mit denen ich mich beschäftige, den Berührungsängsten nämlich, die uns der Tod, vielmehr das Sterben macht. «Dr. S. braucht Augen.» «Dr. M. braucht Nieren.» (Schwarzes Brett im Ärzte-Casino) Aber auch Dr. S. und Dr. M. haben diese Berührungsangst, was den eigenen Tod angeht. Dem toten Patienten begegnen sie nur noch bei der Obduktion als Techniker. Dabei ist es der Ausgangspunkt der Medizin, und der Schutz des Arztes, den Patienten als Präparat zu sehen. Der erste Patient des Medizinstudenten ist ganz folgerichtig die Leiche im Präpariersaal. Ich möchte ein ganz unbefangenes und nicht humorloses Buch über das Sterben machen. Wie bewegt sich ein ungetrösteter Philosoph in dieser Tabu-Zone? Margarete, ich hoffe, wird mir die kleinen grüngestrichenen Hörndl verzeihen. Es gibt keine anständige Philosophie, die sich in der Sache Rabatt gibt. Ich habe große Sehnsucht nach Ihnen, und ich überlege, wie wir bald mal wieder zusammentreffen können. Kann man den Hut des Vaters, der starb, einfach aufsetzen? Wie ist das mit seiner Unterwäsche? Ein Pelz, der ist schon neutraler. Ganz neutral ist schon z.B. eine Münzsammlung und am neutralsten ein Konto. Ist der Mensch das Tier, das den Tod denken kann? Ist das Leben eine tödliche Krankheit? Man muß, ich hoffe, ziemlich lebendig sein, um sich in diesen Gegenden zu bewegen.

Seien Sie herzlich umarmt von

Maschinenschriftlich. Undatiert, etwa Ende Juni / Anfang Juli 1976. Briefkopf: DR. HEINAR KIPPHARDT · 8059 ANGELSBRUCK · POST REICHENKIRCHEN · TELEFON 08762/1829. Durchschlag im DLA.

Viele Bäume starben bei der Hitze. Der Mammutbaum Metasequoia glyptostroboides auf der Achalm starb nicht. Ein Zweig kommt nach Angelsbruck und wenn Sie kommen, werden Sie in seinem Schatten loben

Salud
G

Handschriftlich. Undatiert, etwa Anfang Juli 1976. Der Karte lag ein Zweig des Mammutbaums bei. Original im DLA.

35

Verehrte, liebe Frau Pia von H. K. höre ich sein Vater sei gestorben. Ich möchte Ihnen mein Beileid sagen. Als meine Adoptivtochter als Kind das Haus angezündet hatte und man nur ihr nacktes Leben retten konnte, soll sie gesagt haben: «ich habe Sabinchen gespielt, konnte aber nicht verbrennen, weil ich doch wirklich bin». Das Kind hat da auch die Auslöschbarkeit durch den Tod in Frage gestellt: sterben kann nicht, wer wirklich ist. Aber damit bin ich weit dorthinein geraten, wo H. K. niemand gerne sieht. Ich freute mich so, daß Sie die Marien bei sich aufgehängt haben.

Ihr erg. Grieshaber

Handschriftlich. Undatiert, etwa Juli 1976. Ansichtskarte: Tod und Jungfrau aus dem «Totentanz von Basel». Original im DLA.

36

11 | VII | 76

Lieber Heinar Kipphardt,

Sie haben Ihren Vater verloren? Wie traurig! Was ist Trost, wo man auf lebloses blickt? ‹ich aber preise Stein zu sein› meint Michelangelo ganz lebendig. viant devant un cercueil? Es ist alles ein grosser Betrug! Seltsam eine Frau kann die Wäsche der toten Mutter, den Hut weiter tragen. Ihr Chef ist schon ein arger Hund. Wie heisst doch der junge Künstler? Auch ich denke viel an Sie und drücke wie Uljanow Ihnen fest die Hand.
Ich umarme Sie
Ihr Grieshaber

11 | VII | 76

Nachpost

Lieber Heinar Kipphardt,

ich ärgere mich, daß Sie so todtraurig sind. Ich möchte so gerne dem ungerechten Tod eine gerechte Beiwag geben! Natürlich ganz anders als das die Xristen tun. Kurz man muß Genie haben oder ein ganz perverser Hund sein wie Ihr «Chef», am besten noch viel begabter und noch perverser, wie eine Frau, um von Merkmalen zu sprechen und nicht von Symbolen. Weil Sie Arzt sind haben Sie es besser – das Leben . . . . .

Handschriftlich, vgl. **Abb. 5** und **Abb. 6**. Original im DLA.

Ihr Chef – vgl. Kommentar zu Brief 25.
Uljanow – eigtl. Name von Wladimir Iljitsch Lenin.

37

17 | VII | 76

Lieber Heinar Kipphardt

endlich hat es geregnet. Aber die Dürre war zu arg. Ob ich Sie mit dem Tod des Vaters falsch verstanden habe? sorry

II
eine Wallfahrt nach Rot an der Rot zu den Marien müssten Sie nicht machen. So besonders ist es nicht. Aber 1000 Dank für den guten Willen! (zu katholisch)

Herzlichst mit Grüßen für Frau Pia

Ihr Grieshaber

MÄRZ, Gedichte

Der Tod

Der Tod ist ganz groß.
Der Tod ist groß.
Der Tod ist Grütze.
ißt Grütze.
Der Tod ist auch.
Der Tod ist auch dumm.
Ich kann in den Tod gehen.
Der Tod in der Schule als Mädel.

(Benutzt Teile von Ernst Herbeck, Alexander)

Handschrift Grieshabers:
dieses Gedicht auf die letzte Seite (15)

S. 215 o.
Was ist normal
Ein normaler Mensch
...
leider vergessen.

möchte ich herausnehmen, Ihr Vorwort geht von Seite 2 auf S. 15 und endet mit: «was ist normal»

Handschriftlich, Gedichte maschinenschriftlich mit hs. Anmerkungen Grieshabers. Vgl. **Abb. 7**, außerdem blaues Aquarell auf II: Europa auf dem Stier. Original im DLA.

Rot an der Rot – Geburtsort Grieshabers.

38

20 | VII | 76

Lieber Freund

Mit Jean Dubuffet bin ich 1946/47 nicht zurecht gekommen, aber angekommen ist der vieux doch.
Der Engel wird erst Anfang Okt. gedruckt, dann für Abonnenten ausgeliefert. Die Werbung setzt mit dem Neuen Jahr 1977 ein.
Machen wir das, oder werfen wir gleich eine Handgranate?
Es lohnt sich nicht für die Geduld, die ich politisch meine
    salud
    Ihr Gries

Handschriftlich. Original im DLA.

39

der Verlag zögert den «Engel» heraus. Er will es besonders gut vorbereiten, sagt Herr Beckmann. Also kommt er nicht zur Messe zurecht.

Haben Sie wenigstens die Flugblattseite vom Verlag bekommen?
Meine Hand ist noch immer nicht gut und muß bandagiert bleiben. Ach ja ich habe plötzlich viel Zeit und denke herzlich an Sie Ihr Grieshaber

Handschriftlich. Undatiert. Geschrieben unter Fotografie eines Ausstellungstrakts, zu sehen ein Ratgeb-Holzschnitt (WV 73/36) und *Soldat* (Weltkrieg II) (WV 73/38). Die Fotografie ist übermalt mit Tinte: Rauch aus einem Doppelhenkelkrug. Original im DLA.

40

23. Juli 76

Lieber HAP Grieshaber,

Ihre poetische Befindlichkeit, auch zwischen den Zeilen zu denken, zu malen, zu sprechen, ins Holz zu schneiden, hat Sie den Tod in Gedanken für Wirklichkeit nehmen lassen. Wenn auch nicht der Wirklichkeit, so sind Sie der Wahrheit in Ihren Briefen nahe. Wenn ich bei der Post Ihre Handschrift sehe, habe ich ein paar gute Stunden, denn ich empfinde die Wohltat mit Ihnen in gedanklicher und naher Verbindung zu sein, verehrter und lieber Freund. Ihr Mißverständnis brachte mich in den Genuß zweier zarter und schöner Briefe, und der zweite erstaunte mich fast mehr als der erste, denn Ihre inneren Uhren hatten Ihnen sogleich die Unstimmigkeit signalisiert, ohne von mir die geringste Reaktion zu haben. Schuld an allem ist wohl die etwas unvernünftige Art, unmotiviert Briefe über diesen Gegenstand zu schreiben.
Herzlichen Dank auch für das schöne Buch mit den vielen Abbildungen. Die Texte sind natürlich nicht auf der Höhe der Bilder, französische Kalligraphie, die meist besser ist als die entsprechende deutsche Zunft, aber das ist nun der Fluch der Kunstbücher. Es wird da vielleicht immer der Fehler gemacht, zu beschreiben und zu deuten, statt Lebensumstände, geschichtlichen Zusammenhang, Arbeitsweise, Ansichten, Fotos, Gebrauchsgegenstände, Briefe, Krankheiten etc. des Künstlers vorzuzeigen. Was den Engel angeht, so kann ich die Gedankengänge des Herrn Beckmann nicht gut verstehen, wenn es Gedankengänge sind. Ich dachte immer, gerade bei diesen Sachen wäre die Bücherkaufzeit Weihnachten wichtig. Wir werden uns in seine Beschlüsse wohl schicken müssen, oder halten Sie es für richtig, daß ich ihn mal anrufe und über Termine rede? Ich habe von ihm noch garnichts gehört, er hat mir auch nicht die Flugblattseite geschickt. Sie sollten sich nicht ärgern, es kostet Arbeitslust, ist unwichtig, Quark. Ich habe drüber nachgedacht, wie ein Oktoberengel aussehen könnte, das möchte ich Ihnen gelegentlich erzählen. Sobald wir ein neues Auto haben, wollen wir Sie und Margarete besuchen, vielleicht zur Ausstellung nach Rot a. d. Rot, wenn Sie dort sind.

Margarete hat so schön über die Heimat geredet, und ich bedanke
mich für die Augsburger Beschreibungen.
März ist leider immer noch produktiv tätig, er läßt sich das nicht unter-
sagen, obwohl doch auch viel Läppisches dabei ist, ich schicke Ihnen
eine Probe.

Ich bin mit den schönsten Grüßen an Margarete
sehr herzlich

auch von der Pia
Ihr
Heinar Kipphardt

Maschinenschriftlich. Briefkopf: DR. HEINAR KIPPHARDT · 8059 ANGELSBRUCK · POST
REICHENKIRCHEN · TELEFON 08762/1829. Durchschlag im DLA, die beigelegte «Probe» fehlt.

das schöne Buch – Michel Thévoz: L'Art brut. Genève 1975. Kipphardts Exemplar trägt die Widmung:
«+ qu' hier | – que demain | für H K | sein Griesh.»

41

28 | VII | 76

lieber Heinar Kipphardt,

Margarete weint und kann nicht mehr. Sie meint, die zähe Materie, die
sie zur Verzweiflung bringt, brauchten Sie, um ein genaues Bild zu haben.
Ich weiß nicht, wer mein Verleger ist. Bitte lesen Sie zuerst «Schwarze
Kunst auf roten Pressen» und das Hickhack mit dem Reporter Neumann.
Was mein Verleger da geantwortet hat, kann ich nicht mehr verstehen.

Beckmanns Brief an den Stern ist gelogen.

Ich weiß nicht mehr, wie ich mich verhalten soll.

Ohne weiteres wäre der ENGEL DER PSYCHIATRIE mit einigen Holzschnitten und einer Satzseite mit Gedichten von MÄRZ auf der Messe
an einer Kojenwand des Verlags vorzustellen. Das war – bis zum letzten
Jahr – immer so.

Ich kann mit dem Verleger nicht mehr sprechen. Mein Verlag in Leipzig
will den NERUDA noch einmal präsentieren. Hat von den 20 000, vom
Original gedruckten Büchern, nichts mehr. Weil die diesjährige Messe
unter dem Thema «Lateinamerika» stehen wird, wollte er mit den

wenigen Exemplaren, die Claassen seinerzeit übernommen hat, eine Signierstunde (eventuell mit den Übersetzern) veranstalten. Jedes Wort, das ich sage zu dem Verleger in der DDR und zu dem Verleger hier, wäre eine Denunziation. Muß ich wirklich in Leipzig und hier schweigen? Kann wenigstens der ENGEL rein gehalten werden?

Vielleicht bringen Sie fertig, daß der neue Engel und der Bauernengel auf der Messe 1976 zu sehen ist, man ihn für Weihnachten bestellen kann?

Bis auf den letzten Absatz maschinenschriftlich. Original im DLA.

«Schwarze Kunst auf roten Pressen»... – Nicolaus Neumann: Schwarze Kunst auf roten Pressen. Immer mehr bundesdeutsche Verlage lassen in der DDR drucken: Ost-Niedriglöhne machen teure Bücher im Westen billiger. In: Stern. Magazin, 29. Jg., H. 27, 24.–30.6.1976, S. 197f. Der Artikel ist bis auf wenige Ausrutscher («Preisdumping», «Druckbrüderschaft mit der DDR») sachlich und keineswegs ein Angriff auf Grieshaber. Sein Neruda-Buch wird als ein Beispiel unter anderen genannt, der Claassen-Verleger Beckmann wird von Neumann zitiert: «Mit solchen ›Papiergeschäften‹ können wir Titel riskieren, die für das Geschäft nichts, aber für das Verlagsprogramm sehr viel bringen». *NERUDA* – Pablo Neruda: Aufenthalt auf Erden. Mit 18 Farbholzschnitten von HAP Grieshaber. Übertragen von Erich Arendt und Stephan Hermlin. Nachwort von Carlos Rincón. Leipzig 1973.

42

Lieber HAP Grieshaber,

die Essenz meines Telefonats mit Beckmann, er wird selbstverständlich den Engel der Psychiatrie (die Holzschnitte und eine Seite Gedichte) und sowieso den Bauernengel an eine Kojenwand hängen lassen, sodaß bestellt werden kann, hält aber ansonsten an seinem Auslieferungsplan fest, den er für effektiv hält, und die Verzögerung als unvermeidlich, weil ihm die Unterlagen zur Kalkulation nicht rechtzeitig vorgelegen hätten. Ich höre, er lügt, und ich sehe ja aus den Briefen, er lügt, und zwar auf eine besonders leise Art. Er lügt wie alle Geschäftsleute, es ist die Natur des Geschäfts, die Lüge ist sacherzwungen, also ihre Sorte von Ehrlichkeit. Die Kunst der Lüge des Geschäftsmannes besteht darin, daß er nicht ganz überführt werden kann, er hat auch immer ein bißchen von dem gesagt oder geschrieben, was er dem anderen gegenüber behauptet, da sind Beckmanns Briefe an Sie und Herrn Neumann Paradebeispiele, es würde mich geradezu interessieren, was er schreibt, wenn Sie ihm den Brief von ihm an Neumann schicken. Ich wollte schon immer gerne mal Geschäftsbriefe als das charakteristische Zeitdokument publizieren. Ich genieße Ihre wundervollen Briefe, die tintigen Zeichnungen der direktesten Art und bedanke mich artig. Möge Ihre Hand noch ein bißchen bandagiert bleiben, daß schöne Zeichenbriefe kommen, weil Sie nicht schneiden können. Beckmann ist ein englischer Arsch mit Ohren,

aus dem nur sehr kleine vokalische Fürzlein kommen, und sie riechen kaum. Kein Grund zu Emotionen, lieber Freund.
Die Neruda-Holzschnitte gefallen mir sehr, der Elefant besonders und der schraffierte Schattenbaum. Hermlins Übertragungen sind natürlich besser, obwohl der Arendt Spanisch kann.
Ich komme mit der Pia sobald das neue Auto da ist, schönste Grüße an Margarete. Herzlich Ihr
      Heinar Kipphardt

Maschinenschriftlich. Undatiert. Briefkopf: DR. HEINAR KIPPHARDT · 8059 ANGELSBRUCK · POST REICHENKIRCHEN · TELEFON 08762/1829. Original im DLA.

43

                         2 | VIII | 76

Lieber Heinar Kipphardt

ein schöner Anruf und hilfreich dazu. Vielen Dank! Ihre Sprachkritik hat auf mich wie eine gute Diagnose gewirkt. Sie half mir es leichter zu nehmen. Der Teufel hole die Maße + Gewichte!

                II

es sind solche fade Fehden die z. Zt. ausgefochten werden.

                III

Warum sollen auch die Kinder plötzlich friedlich sein? Solange die Erwachsenen es nicht sind.

                IV

                VIII | 76

alles rührt wohl daher, daß der grandson in Limura ein Kinderbuch geschenkt bekam: ICH UND OPA «ein Bilderspass von liebevoll schelmischem Miteinander». Wo immer ein bißchen in den Arsch getreten wird, wie bei Wilhelm Busch. Sprach mal lange mit Böll darüber, aber der wollte es im Milieu haben und von der Tragik mit der guten Malerei bei WB wollte er nicht die Ursache sehen. Was Hille Bobbe von Franz Hals in Hannover alles angerichtet hat, und doch nicht geholfen dem armen Maler Wilhelm Busch

auf bald
      Ihr Grieshaber

V

amnesty international .. ist ein Spionage- und Propagandazentrum für Antikommunismus
UdSSR
.. ist ausgebildet von der kommunistischen Weltrevolution
Mexiko
.. ist ein Werkzeug für die schmierigen Feldzüge die von kolonialen und imperialistischen Kräften durchgeführt werden!
Uganda
.. ist eine Spionage Agentur und nimmt an bewaffneten Überfällen und dem Terrorismus teil

(iran ..)

Wenn ich Miss Simon und Carola Stern gleichzeitig höre ist von allem etwas dabei. Aber schlimm ist, wenn man in den PEN gleich die russ. Dissidenten schockweise aufnimmt und nachher ihr Liedlein singen muß ......
Wir richten uns mit dem Besuch auf der Achalm natürlich nach Ihnen bezw. Bloch. Vielleicht in der Woche 23. – 27.8.? Jedenfalls bin ich immer da und ganz!

Handschriftlich; vgl. **Abb. 8**, **Abb. 9**, **Abb. 10**. Nicht abgedruckte Aquarelle, alle in blau: Auf S. II zwei Figuren, die Schwerter kreuzen; S. III: Soldat, der eine Figur mit erhobenen Händen bedroht, eine dritte Figur geht hinter ihm aus dem Bild; S. V: zwei Soldaten hinter einer knienden Figur. Original im DLA.

grandson in Limura – Grieshaber hatte seine Adoptivtochter Christiane (gen. «Nani», *1943) mit ihrem Sohn (*1966) zu Besuch; sie lebt mit ihrer Familie in Kenia.
Hille Bobbe von Franz Hals ... Busch – auch bekannt als *Malle Babbe*, Porträt einer alten Frau (um 1640), heute in Berlin, staatliche Museen Preußischer Kulturbesitz, Gemäldegalerie. – Der 20jährige Akademiestudent Wilhelm Busch soll an seiner Zukunft als Maler verzweifelt sein, als er 1852 auf einer Bildungsreise in Antwerpen Gemälde von Frans Hals gesehen hatte, vgl. Gustav Sichelschmidt: Wilhelm Busch. Der Humorist der entzauberten Welt. Eine Biographie. Düsseldorf 1992.
Miss Simon ... Carola Stern – Kathleen von Simson (1910–1996) und die Publizistin Carola Stern (*1925) betreuten das *Writers in Prison*-Komitee des westdeutschen PEN und arbeiteten für *amnesty international*.
Bloch – Der Besuch fand statt. Grieshaber wie Kipphardt fühlten sich Bloch verbunden; Grieshaber widmete ihm eine Folge des *Engels der Geschichte*: Ernst Bloch 85. Zum 85. herausgegeben von HAP Grieshaber. Mit Beiträgen von Heinrich Böll, Margarete Hannsmann und Max Fuerst. Hamburg und Düsseldorf 1970 (Der Engel der Geschichte 14). Kipphardts Gedicht *Angelsbrucker Notizen 16* ist dem Gedächtnis Blochs gewidmet, vgl. UP S. 30.

44

This is it! 8.8. we are there.

Handschriftlich. Undatiert, etwa Anfang August 1976. Ansichtskarte (Rot an der Rot, Schloss) vom 22. März 1913 an Grieshabers Vater, auf der Bildseite von Grieshaber beschrieben. Original im DLA.

45

7 | VIII | 76

Lieber Heinar Kipphardt,

ein schöner Brief. Er hat mir gut getan. Grand merci mon cher!
Alemanisch-kenyanische Kindererziehung, nimmt mich Ihnen weg.
ein geplagter Großvater grüßt artig + herzlich
Ihr Grieshaber

II

der vieux hat viel Kummer mit dem Gast aus Kenia.
meine eigenen Leute sind nicht die geeigneten Leute und Afrika ist nicht das Ziel der famlily
Mon Dieu!

III

to make the best of it, I keep on fishing
is'nt a fish on the line
is'nt a crime.

St. Theresia on a Libanon «Christian» soldiers arm.
Es war schön in Rot. 1000 Leute. Ich fragte nach den Pädagogik Studenten und dem Bischof von Würzburg. There are no devils at all

IV

the underdevelopped people
Wollte schon zu Ihnen fliehen, weil es zu arg war.
Herzlich Ihr Grieshaber

Handschriftlich, vgl. **Abb. 11**, **Abb. 12**, **Abb. 13**. Auf S. IV weiteres Aquarell: vor drei Soldaten im Hintergrund zwei sitzende Frauengestalten. Original im DLA.

Gast aus Kenya – Grieshaber hatte eine kenianische junge Frau einige Wochen als Au pair-Mädchen, Rosemary S. Jommo (er schreibt auch: Rosemary Sommer). Gegen seine Familie wollte er sie für längere Zeit auf die Achalm holen und schrieb für sie um eine Arbeitserlaubnis an die Zentrale Arbeitsvermittlung (Ausland) in Frankfurt am Main. Kipphardt erhielt eine Kopie dieses Briefes (9.8.1976) mit Grieshabers Kommentar: «im Kampf mit der Familie auf aussichtslosem Posten» und Beilagen: «Was Miss Sommer liest», einen Text von Che Guevara, und «Was die schwarze Prinzessin nach Europa mitgenommen hat», Aufklärung über die Fruchtbarkeitstage der Family Planning Association of Kenya.

46

7 | VIII | 76

Lieber Heinar Kipphardt, SOLON hat recht, man muss immer zu lernen. Unsere Afrikanerin ist ein sowohl als auch. Auf der einen Seite näher dem Untergang wie wir und andrerseits sind wir bereits untergegangen. Die Familie hat keine Ahnung! War gerade in «Wildlife» TV zu sehen. Aber das erste Buch das Rosemary Sommer las ist ein brisantes Ding. Ihr Vater war Mau-Mau und 8 Jahre im Gefängnis, sah gleich, daß es eine Prinzessin ist. Ein Trost: Blumenkohl ist auf Suaheli gleich wie auf Englisch. Hab viel Zeitlang für Sie
Ihr

Grieshaber

Handschriftlich, vgl. **Abb. 14**. Original im DLA.

47

10 | VIII | 76

Lieber Freund Kipphardt

ich kann Ihren Brief schon auswendig. So gut tut er mir. Besonders die leichten Fürzlein. Seltsam, wie man einander helfen kann. Es ist ein Wunder der Sprache, der Diktion, der Kunst!

Handschriftlich, vgl. **Abb. 15**. Original im DLA.

11. August 76

Die Leute, liebster Grieshaber, besonders von de family, denken immer das Schlechteste, und sie haben recht, weil das Schlechteste ja meist das Beste ist. Und wenn der Mensch in seiner Qual verstummt, gab ihm ein Gott zu malen, was er leidet. Die Malbriefe sind ergreifend schön; kindlich, poetisch, voller Information, nicht ohne Sarkasmus, der direkteste Ausdruck in großer Form. Der Libanon Christian Soldier zum Beispiel, da ist der Sarkasmus der Sachen und ein poetisches Moment eindrucksvoller Größe (man kann ja nicht mehr «monumental» aus dem Munde schütten), das ich in den besten Sachen von John Heartfield fand. Es ist ein Jammer, daß es im Augenblick kaum ein Feld für den politischen Aspekt Ihrer Arbeit gibt, ich meine in der tagespolitischen Anwendung, oder ginge sowas bei Pardon oder Konkret, lohnt es sich, einen Gedanken daran zu wenden? Ah und die schwarze Prinzessin, die ich nun unbedingt sehen muß: ich fragte Franz und Moritz nach ihren Eindrücken von dem Bild und Moritz meinte «die Menschenfrau steigt aus dem Urwald». Ich bin von Ihrer Produktivität ganz beschämt mit meinen immer gleichen Tüpfelchen, denen man ihre Herkunft aus den Bildern (?) garnicht mehr anmerkt, und die es sich auch nicht anmerken lassen wollen, da sie aus dem underdogs-milieu der Sinne einmal aufgestiegen sind und Konversation gelernt haben, Benehmen jedenfalls. Sagte ich Ihnen, daß März immer noch dichtet? Ich weiß ja nicht, ob das noch viel ist, aber ich kritzele eine Abschrift für Sie. Er hat das gemacht, als er ein Fotografenbild aus Peilau sah. Einmal merkwürdigerweise ist die Prinzessin statt Ihrer Hand ganz bandagiert, März wollte das gleich deuten, wurde aber von mir zurechtgewiesen.

Das Auto bekomme ich erst am Anfang der nächsten Woche, es hat solange wegen der gewählten Farbe gedauert, jetzt nehme ich irgendeine Farbe, weil die gewählte vom Werk schon garnicht mehr gespritzt wird, es will sie keiner außer mir. Ich scheine in Autofarben nicht volkstümlich zu sein. Wenn es da ist, komme ich gleich mit der Pia. Ich kann mich wohl einen Tag in dem nachbarlichen Hotel einmieten, denn ich würde gern auch Jens in Tübingen sprechen und Bloch vielleicht Guten Tag sagen, wenn er noch einen Besuch haben mag. Mit Jens würde ich gerne eine PEN-Initiative besprechen, die ich mit Sonnemann und Engelmann besprach (ich sehe plötzlich wie da Namen künstlich geschönt wurden), ich würde Sie auch gerne dafür einnehmen, erkläre es aber lieber beim Besuch. Wenn Sie noch vorher hier eintreffen können, um so besser.

Seien Sie herzlich umarmt von

Ihrem
Heinar Kipphardt

ps Unser leiser Arsch aus Englisch-Leder schickt den angemahnten Zusammendruck einfach nicht.

Maschinenschriftlich. Beilage fehlt. Briefkopf: DR. HEINAR KIPPHARDT · 8059 ANGELSBRUCK · POST REICHENKIRCHEN · TELEFON 08762/1829. Der Absatz «Das Auto...» bis «... um so besser» ist im Durchschlag im DLA gestrichen.

Fotografenbild aus Peilau – Kipphardt muß eine Abschrift des folgenden Gedichts aus den März-Gedichten II geschickt haben: «Der kleinweiße Junge (ich) | auf dem Familienfoto | scheint mir zu winken | doch läßt er die Flederhand | sinken | wie er mich sieht.» Zit. n. UP S. 205.
PEN-Initiative mit Sonnemann und Engelmann – Kipphardt wollte mit sechs PEN-Kollegen auf der Jahresversammlung im Mai 1977 den Ausschluss des damaligen Innenministers Werner Maihofer aus dem PEN diskutieren; Maihofer hatte als Ausführender des Radikalenerlasses gegen die PEN-Charta verstoßen. Es kam nicht mehr zur Debatte, weil Maihofer aus anderen Gründen schon vor der Versammlung ausgetreten war.

49

13 | VIII | 76

Lieber Heinar Kipphardt

Ihr Brief tut immer noch Wunder. Ich bin ganz ruhig wenn ich ihn wieder lese.
Wenn die Kühe, Schafe oder Pferde sich weigern in den Stall zu gehen,
wenn die Ratten aus ihren Löchern kommen
wenn die Hühner auf die Bäume fliegen und ihre Federn herausbrechen
wenn die Tauben sich fürchten und nicht in ihr Nest fliegen
wenn die Hasen die Ohren stellen und in alles hineinfallen
wenn die Fische aus dem Wasser springen als fürchten sie es
dann kommt ein Erdbeben sagt das Earthquake Office in Tientsin

    Passen Sie in Angelsbruck nur gut auf!
        herzlichst
        Ihr Grieshaber

Handschriftlich auf Faltblatt mit goldbraunem Holzschnitt: Gefangener ai (WV 74/29). Original in Privatbesitz (Kirsten Engelmann).

15 | VIII | 76

Lieber Heinar Kipphardt, M. H. ist ein Klageweib und sie weiß, wie sehr Sie mich immerzu trösten. Aber deshalb müssen wir nichts überstürzen.

mon cher

Horatius Haeberle schickt gerade seinen Roman vom Bauernkrieg «Kopf + Arm», soll ihn besprechen für den Spiegel. Wie komme ich zu der Ehre? Mal erst lesen.
Arbeite am CHE von Volker Braun für Reclam Leipzig

Salud
      Gr

Handschriftlich, vgl. **Abb. 16**. Auf der zweiten Seite blaues Aquarell: Figur, die eine Puppe am Stock vor sich her trägt. Original im DLA.

Haeberle – Horatius Haeberle: Kopf und Arm. Die denkwürdigen Abenteuer des Bauernfähnrichs Wendel Haeberlin. München, Zürich 1976. – Grieshaber hat die Rezension nicht geschrieben, vgl. Sancho Pansa [d.i. Margarete Hannsmann]: Chauffeur bei Don Quijote. Wie hap Grieshaber in den Bauernkrieg zog. Düsseldorf 1977, S. 229f.
CHE von Volker Braun – Volker Braun: Guevara oder Der Sonnenstaat. Mit elf Holzschnitten und fünf Malbriefen von HAP Grieshaber. Leipzig 1983.

16 | VIII | 76

Lieber Heinar Kipphardt

die vielen Briefe sollen Sie nicht beunruhigen. Ich mag halt nichts anderes tun! Auch wenn es nicht viel zu schreiben gibt, zu sagen schon. Da ich leider nicht ins Kuvert mit hineinkriechen kann, lichte ich ab + zu einen Brief ab und hänge ihn an die Wand. Es sieht dann sogar nach Arbeit aus. Die verfluchten Protestanten als Vorfahren, wollen immer noch aus ihren Gräbern heraus Mühe und Arbeit haben! Kommt bald das neue Auto?

Herzlich
      Ihr Grieshaber

Handschriftlich, vgl. **Abb. 17**, **Abb. 18**. Original im DLA.

52

27 | VIII | 76

Liebe Kipphardts,

hoffe Ihr habt die Achalm gut verlassen können und seid nicht wie Böll im Tal entgleist. Hier ist immer noch der Psychosomatische Virus aktiv, aber die Achalm ist wieder gestärkt merci Euer Grieshaber

Handschriftlich, vgl. **Abb. 19**. Original in Privatbesitz (Franz Kipphardt).

53

13 | IX | 76

Lieber Heinar Kipphardt,

Messe? Wenn ja, dann bitte sagen Sie mir was am Claassen Stand bei Econ zu sehen ist! Ich habe Lust den Verlag zu wechseln. Mein Vertrag fordert sofortige Auslieferung nachdem der Engel fertig ist.

Viele Grüsse an Frau Pia und die Arbeiter + Bauernmacht

PS. diesmal sind wir auf der Buchmesse underground. Gestern liess Dir. Weidhaas viel Chile auf der Achalm holen ...

Handschriftlich, vgl. **Abb. 20, Abb. 21**. Original im DLA.

Weidhaas – Peter Weidhaas (*1938) war von 1974 bis 1999 Direktor der Frankfurter Buchmesse.

54

15 | IX | 76

mon très cher

es wird wohl viel ausgeklammert werden, mehr als wir denken. Auf der Messe bin ich im underground. Vielleicht im Zimmer von Weidhaas, bei den katholischen Studenten. Jedenfalls noch einmal mit der Parole des Widerstands: «Weder der Hunger noch Unterdrückung halten das Volk

auf – nicht heute und nicht in der Zukunft. Chile geht nicht unter, aufrecht steht es, lebt und kämpft.»
Ich habe den Holzschnitt der ‹Volksstimme› geschenkt. Solange es sie noch gibt. Ich werde die Dias in den Herbst projizieren.

Auf gutes Wiedersehen. Ihr
    Gries

Handschriftlich auf schwarzem Holzschnitt: In tyrannos / Jerg Ratgeb zum Gedenken (Ausgeklammert) (WV 76/40). Original im DLA.

55

inzwischen überfällt uns der Herbst. Ich hab ihn der Buchmesse vorgezogen. Warum und wozu sich über meinen Verleger ärgern es hält nur auf.

je Vous embrasse
    Ihr Grieshaber

Handschriftlich, vgl. **Abb. 22**. Undatiert. Original im DLA.

56

Alphonse Mucha, Hofmaler der Sarah Bernhard, Psychedelik v. heute Büste 1899 für einen Pariser Juwelier. Robert Hughes schreibt darüber in Time Sept. 76 «The Snobbish Style»:

Ein erstaunliches Objekt! Seine Formen wechseln wie Doppelspiegelung im Wasser von Silberfleisch zu Goldhaar, eine perverse Liturgie – eine Parodie (gemacht, man muß sich vorstellen, für ein Publikum dessen kultureller Hintergrund immer noch katholisch ist) auf mittelalterliche Kopf-Reliquiare. Dieses Image, was es auch sei, ist kein Heiliger oder eine Magdalena sondern eine sibyllinische Hure der fin-de-siècle-Vorstellung, der femme fatale, la Belle Dame sans Merci – rätselhaft wie eine Sphinx, grausam indifferent, wie eine byzantinische Kaiserin, die das Gepräge der göttlichen Sarah hat. Das aggressive Glitzern eines Cardillac Kotflügels (and the aggressive glitter of a vintage Cardillac fender)

18 | IX | 76

lieber Freund, Ihr Bildhauer regt mich immer wieder auf. Ich glaube schon, daß seine Puppen *auch* ein Grund sind wie überhaupt Puppen und Wachsfiguren. Prothesen und Maschinen beim Optiker. Vor allem der Baron v. Stroheim im Film «la grande illusion».

II

ich werde auch nicht zur Buchmesse gehen; überhaupt nirgendwohin. Die Herbstnebel kommen! ..
«10' gib dem Koch ein Δ dem Arzt dem Schmeichler 5 ταλέντε, dem Berater εὐχαριστια, dem Weisen 3 *Obolen*!»
Krates
Die schuld ich Ihnen mon cher. Aber jetzt gilt es erst einmal wie der Teufel ins Holz zu fahren.

Salud
grand salut
    Ihr
    Grieshaber

Maschinenschriftlich, neben aufgeklebtem Ausschnitt der Mucha-Frauenbüste für Georges Fouquet (1900); sie zeigt Sarah Bernhardt. Abgedruckt in Jiri Mucha, Marina Henderson, Aaron Scharf: Alphonse Mucha. Posters and Photographs. London, New York 1971, S. 35. Ab «lieber Freund...» handschriftlich. Original im DLA.

Hughes – Robert Hughes: The Snobbish Style. In: Time. The weekly Newsmagazine. September 13, 1976, S. 64–67.
Ihr Bildhauer – Franz Josef Kampmann (*1931). Kipphardt hatte den Bildhauer und Kunsterzieher Mitte der 70er Jahre bei einer Ausstellung im Foyer des Kölner Schauspielhauses kennengelernt und ihn nach Kräften unterstützt, er kaufte ihm eine Plastik ab und schlug ihn für Grieshabers Ratgeb-Preis vor. Kampmann porträtierte Kipphardt zwei Mal: als überdimensionalen Tonkopf, janusartig, aber mit drei Gesichtern; und als lebensgroßen Polyesterkopf, eine Parodie auf anatomische Modelle im Biologieunterricht. Der Polyesterkopf ist auf dem Schutzumschlag der Erstausgabe von Kipphardts *Traumprotokollen* abgebildet (München, Königstein 1981).
10' gib dem Koch... – etwa: 100 gib dem Koch, einen Zehner dem Arzt, dem Schmeichler 5 Talente, dem Berater Eúcharistía (Dankbarkeit), dem Weisen 3 Obolen.

57

19 | IX | 76

Sah Sie gerade lieber Heinar Kipphardt durch den Film gehen und an einem Tisch zuletzt sitzen ... auf der Messe war also nicht sehr viel los, ausser der Rede von Max Frisch.

Auf der Achalm zierliche croissants mit vodaine und poèmes-affiches. Kostbar und ärmlich, dazu haben die Franzosen Zeit und pflegen das Packpapier sehr. Mon Dieu!

Grand salut
    Ihr
    Grieshaber

PS. der Herbst von Verlaine für Frau Pia

Handschriftlich, auf Faltblatt mit goldbraunem Holzschnitt: Gefangener ai (WV 74/29). Unterschrift auf dem Holzschnitt. Beilage: Zeitungsausschnitt aus *Die Zeit*, Nr. 38, 10.9.1976, Fotografie von J.-P. Darchinger: Männer vor Toilette, neben Plakat: «CSU | 1976 | Deutschland | vor der | Entscheidung | Freiheit | oder Sozialismus». Bildunterschrift: «Können Demagogen noch das Volk verführen?» Original im DLA.

Rede von Max Frisch – Frisch erhielt 1976 den Friedenspreis des deutschen Buchhandels. Seine Dankesrede *Wir hoffen* hielt er am 19. September in der Frankfurter Paulskirche. – Vgl. Max Frisch: Gesammelte Werke in zeitlicher Folge. Band VII. Hg. Hans Mayer unter Mitwirkung von Walter Schmitz. Frankfurt am Main 1986, S. 7–19.
vodaine – Jean Vodaine (*1921), Dichter u.a. von poèmes-affiches, Gedichten auf Plakaten.

58

22 | IX | 76

Lieber Heinar Kipphardt,

es ist schon ein arges Ding mit dem Visier. «Frei und naiv» nannte Purrmann diesen Kopf von Croissant. Sie ahnen nicht, wie notwendig es für den Ratgeb-Preis ist, sich mit Ihrer Plastik herumzuschlagen! Wenn es noch länger geht, fang ich selber an Köpfe zu machen.
Bis zum Wiedersehen Ihr Grieshaber

PS. Gestern war Szymanski auf der Achalm. Wir kommen mit dem Ratgeb-Preis vorwärts bezw. lassen uns Zeit.

Handschriftlich. Aufgeklebtes Foto einer Steinskulptur von Michael Croissant: Kopf mit Eisenfassung. Das P.S. auf einer Ansichtskarte der Galerie Brusberg, Rolf Szymanski: «Galionsprofil (Nil)», Bronze, 1976.« Original im DLA.

Kopf von Croissant – Michael Croissant (*1928), Bildhauer, 1966–1988 Prof. an der Städelschule in Frankfurt am Main. 1966, im Todesjahr Hans Purrmanns, erhielt er den Purrmann-Preis.
Ihrer Plastik – Franz Josef Kampmann: Kopf aus Polyester, Acryl, Metall (1974); dazu Kipphardts Gedicht *Angelsbrucker Notizen 5. Der Kopf an der Wand*, in UP S. 17.
Szymanski – Rolf Szymanski (*1928), Bildhauer, Zeichner, 1971 bis 1996 mit kurzer Unterbrechung in der Direktion der Berliner Akademie der Künste.

59

die achalm erwartet Sie

Handschriftlich auf Postkarte: Luftaufnahme von Achalm und Reutlingen. Undatiert. Original im DLA.

60

1 | X | 76

Lieber Heinar Kipphardt

nun gehen wir wieder fürbass. Etwas Aal ist noch da. Die Sander Menschen kommen vom Fotographen. Nur das Mühsam ist noch nicht gegessen.
Ihr Hemd auf dem Iljâ Prokov und sein Wagen (eigentlich Boot) darüber fährt noch vor mir – war das ein schöner Herbsttag!

verte

Bei Heimke sollen es nur 16 Hörer (der VS) gewesen sein, sagt M. Bei Max Fuerst tout le monde und ganz Marbach (hab' ich eine Nase gehabt). Euer vieux brachte den Engel noch zur Post. Auch wenn der Verlag nicht einmal Briefmarken hat (sagte um 1ʰ der betrunkene Mader, der engel nicht bei Ihren Lesungen dabei gewesen ist, die Gedichte sind es morgen wert.
Grand merci et grand salut

Euer Grieshaber

PS. etwas Aal ist tiefgefroren auch die Dillsoße, als Gruß für die Gartenfamilie von Ihnen liebe Frau Pia

wenn im Aufbau-Verlag dann mit ein bißchen Holz für Sie.

Handschriftlich, vgl. **Abb. 23**. Original im DLA.
M. – Margarete Hannsmann.
Fuerst – Max Fürst (1905–1978) war gelernter Tischler, er unterrichtete nach der Rückkehr aus dem israelischen Exil 1950 an der Odenwaldschule und – wie Grieshaber – an der Bernsteinschule; Ehemann von Margot Fürst, Grieshabers langjähriger Mitarbeiterin und Nachlassverwalterin. Helmut Heißenbüttel hat Fürst lobend als «dilettierenden Schriftsteller» bezeichnet; in Marbach stellte er den zweiten Band seiner Autobiographie vor: Talisman Scheherezade. Die schwierigen 20er Jahre. München, Wien 1976. – Vgl. das Interview von Petra von Olschowski und Ulrike Gauss mit Margot Fürst in: HAP Grieshaber. Texte und Bestandskatalog von Petra von Olschowski mit Beiträgen von Margot Fürst, Ulrike Gauss, Andreas Schalhorn. Bibliographie von Gerhard Fichtner. Stuttgart 1999, S. 247–251.
Mader – Helmut Mader (1932–1977), Lyriker, Literaturkritiker, Essayist; Lektor bei Claassen.

61

4 | X | 76

Ihr Lieben,

Ricca ass den Rest vom Aal, Kohl bleibt Ministerpräsident und der Revoluzzer wird von E. B. nicht gestern sondern morgen gesungen. Wir danken alle mit dem kleinen Bäumchen aus Mombasa (Rabatten am Flugplatz) sie nennt man «Wandelröschen» (latane). Eine traurige Liste dieser Aufruf der Rentner, Krankenpfleger, Berufsverbote. 3 Strassen nach erschlagenen Kommunisten hätten ausgereicht, diese Menschen am Leben zu beteiligen!
Ich umarme Sie herzlich
     Ihr Grieshaber

Handschriftlich auf dem Druck «Bernsteinauge» der Reihe «die bernsteinschule sulz a.n. zeigt optische phänomene: no. 1 zeichnungen des kaufmann k.» Original im DLA.

Kohl bleibt Ministerpräsident – Helmut Kohl war von 1969 bis 1976 Ministerpräsident von Rheinland-Pfalz.
E. B. – Ernst Busch (1900–1980), Sänger (der ‚Barrikaden-Tauber') und Schauspieler, besonders beim Berliner Ensemble; Kipphardt und Busch waren gut befreundet.
bernsteinschule – Grieshaber war 1951 bis 1953 Dozent an der Bernsteinschule im Kloster Bernstein bei Sulz a. N.

62

5 | X | 76

Lieber Heinar Kipphardt
hier ist ein Text von Günther Wirth, den ich nur in etwas (aber wenig gutes) Deutsch gebracht habe. «Besessenheit» war zu viel. Nun wollen die Juroren eine «Federführung» haben. Hilf Himmel!
Die Studenten sind beim Kulturbund. Zwischen diesen Mühlsteinen ist es schon schlimm zu leben.
Salud
Ihr Grieshaber
Die Wandelröschen blühen noch + grüßen.

Beilage 1

AUSSCHREIBUNG FUR DEN JÖRG RATGEB-PREIS

Vor 450 Jahren wurde der Maler Jörg Ratgeb wegen seiner Teilnahme am Bauernkrieg in Pforzheim zum Tode verurteilt und hingerichtet. Das war Anlaß für den Holzschneider hap Grieshaber, fünftausend DM für einen Jörg Ratgeb-Preis auszusetzen. Der Berliner Bildhauer Rolf Szymanski, Leiter der Sektion BILDENDE KUNST an der Akademie der Künste Berlin, hat den Preis auf zehntausend DM erhöht. Wir sind uns einig, daß sich Tradition und Tendenz im künstlerischen Werk geheimnisvoll ereignen. Der Geist des Engagements ist den Künstlern nicht fremd geworden. Engagement verlangt Besessenheit für Tradition und Gegenwart.

TEILNAHMEBEDINGUNGEN

Am Jörg Ratgeb-Preis können sich alle Künstler der Bundesrepublik Deutschland beteiligen. Absichten und Zwecke werden nicht extra bewertet. Entscheidend für die Preisvergabe ist allein die künstlerische Potenz, die in den eingesandten Arbeiten deutlich wird. Jeder Teilnehmer kann bis zu drei Werkbeispiele einsenden. Sie sind zu schicken an: *Jörg Ratgeb-Preis, Württembergischer Kunstverein, Bolzstraße, Stuttgart 1.*

Einsendetermin: Vom   bis

Die Jury arbeitet ehrenamtlich. Sie besteht aus:

Dr. Tilman Osterwold, Stuttgart
Dr. Georg Bussmann, Frankfurt a.M.
Dr. Götz Adriani, Tübingen
Dr. Helge Bathelt, Herrenberg
ASTA Kulturreferent der Universität Hohenheim
Günther Wirth, Stuttgart
Rolf Szymanski, Berlin
hap Grieshaber, Reutlingen

Mit dem Preis ist eine Ausstellung der eingesandten Arbeiten im Württembergischen Kunstverein in Stuttgart verbunden.

Beilage 4

Wir brauchen eine Nachtklinik

Wissen Sie was eine Nachtklinik ist?

Eine Nachtklinik ist eine Einrichtung für seelisch Kranke, die im Berufsleben stehen.

Sie ist eine Übergangseinrichtung für Menschen, die den Belastungen des heutigen Lebens noch nicht standhalten.

Sie soll Menschen aufnehmen, die nicht mehr im Krankenhaus behandelt werden müssen oder bei denen der Krankenhausaufenthalt überhaupt vermieden werden soll.
[...]
Helfen Sie mit, eine Einrichtung zu schaffen, die einmal auch Ihnen oder Ihren Familienangehörigen Hilfe bringen könnte.

Die Fördergemeinschaft Nachtklinik für psychisch Kranke Tübingen e.V. ist entstanden auf Anregung von Prof. Dr. Walter Schulte.

Für die Nachtklinik zeichnen u.a.
Dr. Fr. Förster   Prof. Dr. A. Köberle
Gerd Gaiser   Prof. Dr. R. Lempp
OB H. Gmelin   Dr. G. Noller, MdL
HAP Grieshaber   Dr. U. Schäfer, Nervenarzt
Frau A. Heisenberg   Hans-Joachim Schwenk
OB a. D. O. Kalbfell   Dr. E. Zimmermann, Nervenarzt

Spendenkonto [...]

Handschriftlich auf einem schwarzen Holzschnitt: operation silencio (WV 76/32) aus Volker Braun: Herreissend die Zukunft. Zum 20. Jahrestag der kubanischen Revolution. 9 Originalholzschnitte, Hg. Lothar Lang, Hans Marquardt. Leipzig 1978. – Zahlreiche Beilagen, alle Kopien maschinenschriftlicher Texte: Beilage 1: Ausschreibung für den Ratgeb-Preis, neben der Überschrift in Grieshabers Handschrift: «dies ist er». Beilage 2: Brief Grieshabers an Horatius Haeberle, abgedruckt in Sancho Pansa [d.i. Margarete Hannsmann]: Chauffeur bei Don Quijote. Wie hap Grieshaber in den Bauernkrieg zog. Düsseldorf 1977, S. 230. Beilage 3: Anschreiben mit der Bitte um Vorschläge (15.9.1976) und Ausschreibung des Hannoverschen Künstlervereins; zum 200. Jubiläum der Tierärztlichen Hochschule Hannover soll eine Ausstellung «Das Tier als Begleiter und Ernährer des Menschen» veranstaltet werden. Beilage 4: Aufruf «Wir brauchen eine Nachtklinik». Original im DLA.

Wirth – Günther Wirth (*1923), 1950–1983 Kunsterzieher, seit 1949 Publizist (Kunstkritik), zahlreiche Bücher über zeitgenössische Künstler.

63

Lieber Heinar Kipphardt

die richtige Post kommt nicht mehr nach. Ich denke viel an Ihren Besuch. Sie sind ganz gegenwärtig und ich lass da keinen ran.

Handschriftlich, vgl. **Abb. 24**. Undatiert. Original im DLA.

64

5. Oktober 76

Lieber Grieshaber, lieber Freund, ob ich Sie mit sowas behelligen darf, weiß ich nicht ganz. Die Autoren Edition bei Bertelsmann will einen Band mit drei Kriegsgeschichten von mir machen, zwei gibt es, eine dritte mache ich nach einem Prosafragment von mir neu. Der Titel des Bandes wird sein:
DER MANN DES TAGES
und andere Erzählungen
Dieser Titel bezieht sich auf die Erzählung, die bisher DIE GANOVEN-FRESSE hieß, was nicht so gut ist. Meine Frage, ob Sie die beiliegenden Erzählungen mal lesen mögen und mir sagen, ob Sie was für den Umschlag machen können. Ich dachte daran, weil mich der Libanon soldier so angezogen hat, und ich dachte, es könnte sowas ähnliches sein. Man gerät bei Krieg so leicht in abgenutzte Bildvorstellungen, und so frage ich halt. Aber ich verstehe auch, wenn Sie in anderen Sachen stecken und nicht mögen. Die Leute von der Autoren Edition würden sich natürlich sehr freuen, wenn Sie zusagen.
Ihre Briefe erleichtern es mir sehr, dem Tag jeweils ins Auge zu sehen, und ich bedaure, daß ich nicht gelegentlich auf einen Sprung zu Ihnen kommen kann.

Die Jury hat schon einen geschwollenen Texter. Wie ereignen sich denn Tradition und Tendenz im künstlerischen Werk? Es bleibt ihnen ja garnichts übrig, als das geheimnisvoll zu tun. Da die Leute ihren Gedanken nicht traun, traun sie schon garnicht den Wörtern, da braucht es pompöse Zutat. Schrecklich, was heute alles verlangt wird, Besessenheit für Tradition und Gegenwart, ob das nun einer trifft?

Seien Sie herzlich umarmt von Ihrem Heinar Kipphardt

<small>Bis auf die Schlusszeile maschinenschriftlich. Briefkopf: DR. HEINAR KIPPHARDT · 8059 ANGELSBRUCK · POST REICHENKIRCHEN · TELEFON 08762/1829. Original im DLA.</small>

65

Lieber Heinar Kipphardt, ich bin unter die Schulmeister gefallen, auch mit meinem Text: «Politisch hiess es da» ...

Wer in den Schatten eines Großen tritt, der wird an seinem Vorbild gemessen und da kommt ein Maler unserer Tage schlecht weg. Was bedeuten für jemand noch die alten Meister? Ich setze voraus, sie bedeuten noch etwas. Kein engagierter Politiker wird das öffentlich in Frage stellen. Politisch ist man immer der Tradition wie der Gegenwart verpflichtet.

Ganz grossen Dank für die befreiende Marginalie zu dem Texter unseres Ratgeb-Teams. Ach was, es ist gar kein team. Alle beschweren sich und keiner tut etwas. Es sind «immer dieselben» die was tun.
Und nun wird es gefährlich, auf einmal soll es ein Preis für den demokratischen Kulturbund sein. Auf der anderen Seite, soll ich endlich sagen, wer «federführend» ist. Die Federn sträuben sich. Sie bestätigen es mir. Der Teufel hole die Deutschen! Will gleich Ihr Buch lesen. Bis bald herzlich Ihr Grieshaber

und dann mache ich einen Umschlag

Handschriftlich auf der Reproduktion eines übermalten schwarzen Holzschnitts, wohl *Der Domherr* aus dem *Totentanz von Basel* (WV 66/55), rechte Hälfte abgedeckt. Der Absatz «Wer in den Schatten ...» bis «... verpflichtet» gibt reproduzierte Handschrift wieder. Undatiert. Beilage: Bauernkriegs-Triptychon mit den übermalten Holzschnitten *Der Domherr* (WV 66/55), *Der Ritter* (WV 66/52) und *Der Edelmann* (WV 66/57), auf jedem Blatt an Stelle des Tods ein Text Grieshabers zu 450 Jahren Bauernkrieg (1974), ebenfalls in reproduzierter Handschrift. Original im DLA.

66

19 | X | 76

Lieber Heinar Kipphardt,

das Tier von Kampmann ist doch das Vollkommene. Ich würde Kampmann gerne für die Ausstellg. der tierärztl. Hochschule vorschlagen. Dazu brauche ich noch die genaue Anschrift

Je t'embrasse

votre
Grieshaber

PS. Mein Mann des Tages hat Sie erschreckt? Forget about it.

PS.
es gibt einen Rüdiger-Utz-Kampmann (schon wieder Utz) und Nancy aus New York. Ich kann einfach Ihren Kampmann nicht finden.

Handschriftlich, vgl. **Abb. 25**. Das zweite P.S. auf der Kopie einer Kopfplastik mit Gesichtsmaske von Nancy Grossman: Head. Holz, Leder, 1968; aus der Ausstellung «Zeitgenossen», Städtische Kunsthalle Recklinghausen (1970). Beilage außerdem: Brief des Galeristen Freerk Valentien an HAP Grieshaber (23.10.1976) mit der Bitte um einen Holzschnitt, darauf Grieshabers Bleistiftnotiz: «Sa. 13.11. 11^h Signierstunde». Original im DLA.

Kampmann – vgl. Kommentar zu Brief **56**.

67

24. Oktober 76

Lieber HAP Grieshaber, lieber Freund,

Sie haben gleich gespürt, in welche Niederungen man mit einem Umschlag gerät, denn er ist natürlich Kunst für die Ware Buch, ein zarter Hinweis vielleicht nebenher auf den Gebrauchswert des Buches. Ich bin in die schlimme Lage geraten, das zu vertreten. Natürlich ist mein Impuls, was ein Künstler Ihres Ranges zu einem Buch gemacht hat, das wird genommen, da sollen die Verkäufer still sein. Aber böse ist, ich bin ja in der Verdoppelung des Buches auch, bin Schriftsteller und Verkäufer. Also schelte ich Sie als Verkäufer, denn Sie sollten auf dem Umschlag ja ein bißchen verschleiern, um was es in dem Buch geht, und das haben Sie ja auch gewußt. Sie machen den Inhalt des Buches aber schlimmer, weil für den Nichtkenner der Erzählungen (und die Käufer sind notorisch Nichtkenner) das bitter-ironische Moment nicht erkennbar ist. Wie soll er den Tank auf dem Mann erkennen als Kampfmaschine wider Willen, ich fürchte er sieht nur Kriegsinferno, deutsche Soldateska und sowas (was nicht von Ihnen gemacht wurde!), und das kauft er nicht. Was tun? Ich dachte, es ginge ein Weg von der blutigen Ironie des Libanon-soldier zu einem Titelumschlag, aber ich habe nicht den Mut, Ihnen die Zeit für Quark zu stehlen, ich bin sehr beunruhigt, Sie da überhaupt hineingezogen zu haben. Ich darf Sie dieser Tage anrufen, ob Sie mir einen Vorschlag machen wollen, der Sie nicht viel Zeit kostet, oder ob ich Ihnen nur meine Verehrung demütig und voller Schuldgefühl zu Füßen lege. (Dornenteppich)
Die Adresse von Franz Jos. Kampmann ist: 562 Velbert, Am Nottekothen 1.
Die Fallen der Veterinärmäzene sind aber aufgespürt!

Herzlich

Ihr Heinar Kipphardt

Anliegend 2 Kästchen mit Dias, die ich von F. J. Kampmann erbeten habe, ohne ihm den Zweck zu nennen. Sie geben, ich hoffe, einen Aspekt seiner Arbeit, die ich für bedeutend halte. Er hat mir noch einen kurzen Film mit Marionetten von ihm geschickt, den will ich mir ansehen, ob er Ihren Zwecken dienlich sein kann.
Kampmann hat im Begleittext die nötigen Daten zu den Arbeiten gegeben.

H. K.

Maschinenschriftlich. Briefkopf: DR. HEINAR KIPPHARDT · 8059 ANGELSBRUCK · POST REICHENKIRCHEN · TELEFON 08762/1829. Beilage: Liste der zusammengestellten Dias. Durchschlag im DLA.

68

26 | X | 76

Lieber et cher confrère,

vergessen Sie es bitte. Es war ein Buchtitel für Jerg Ratgeb. Hier ist er. In ihm finden Sie auch (S. 4) und S. 29 wo G. W. den Text her hat und warum er dann so geschwollen ist. Jetzt ist er böse, weil er uns nicht richtig zitiert hat. Er ist kein Freund, nur manchmal gut. In Pforzheim mit meinem Ratgeb war er es. Ich wollte bei den Bürgern bleiben, holte es mit den Kommunen; aber die Studenten drängen zum Staat.
Da ist der Ratgeb nur ein Transportmittel. Er ist schon gegen 88^a und Berufsverbot, es kann nicht ein bisschen mehr sein. Salut
herzlich Ihr Grieshaber

Handschriftlich. Beilage: Prospekt der Edition S «für Jerg Ratgeb | Landsmann | Märtyrer» bei. Original im DLA.

wo G[ünther] W[irth] den Text her hat – HAP Grieshaber: Jerg Ratgeb Landsmann Märtyrer. Stuttgart 1976. Auf S. 4 schreibt Grieshaber dort in einem faksimilierten Aide memoire: «Wer kennt Dürers Mutter? Ich setze voraus: alle. Kein engagierter Politiker würde das in Frage stellen! Politisch ist man immer der Tradition und Gegenwart verpflichtet.» Rolf Szymanski schließt einen Brief an Grieshaber: «Der Jörg Ratgeb-Preis hat (für mich) die Tendenz, den Beweis zu geben, daß der Geist des Engagements die Besessenheit für Tradition und Gegenwart abverlangt.» (S. 29) – Mit «uns» sind hier also Grieshaber und Szymanski gemeint.
88^a – § 88a des Strafgesetzbuchs stellte für die verfassungsfeindliche Befürwortung von Straftaten eine Freiheitsstrafe von bis zu drei Jahren oder eine Geldstrafe in Aussicht, gemeint war damit die öffentliche Verbreitung von terroristischem – staatsfeindlichem – Gedankengut, die Befürwortung von Gewaltverbrechen in schriftlicher oder mündlicher Form. Der Paragraph wurde nach langwierigen öffentlichen Debatten im Sommer 1981 eingezogen, wegen Ineffektivität: nur ein Prozent der in Gang gesetzten Ermittlungsverfahren schloss mit einem rechtsgültigen Urteil.

Abbildung 1 zu Brief 6, undatiert

Abbildung 2 zu Brief 28 vom 22.5.1976

Abbildung 3 zu Brief 29, undatiert

Abbildung 4 zu Brief 31 vom 18.6.1976

Abbildung 5 zu Brief 36 vom 11.7.1976

Nachpost

Lbr, lieber Kipphardt,   11/VII 76

ich ärgere mich, dass Sie
so tief traurig sind.
Ich möchte so gerne
dem ungerechten Tod
ein gerechtes
          Beiwerk
geben!
Natürlich
ganz
anders
als das
die
Christen
tun.

Kurz
man muss Leute haben
oder
sein, wie   ganz perverse und
        "Chef" am besten
noch viel begabtere und noch
perversere, zur dem Tun, um

von Mohrmanten zu sprechen
und u. mit von Schnabelen.
wer ihr Arzt sind, heißen Sie es
                            Cäsar — Sie leben.

Abbildung 6 zu Brief 36 vom 11.7.1976

Abbildung 7 zu Brief 37 vom 17.7.1976

Abbildung 8 zu Brief 43 vom 2.8.1976

alles sieht noch daher, dass der grandson in Limuru ein Kinderbuch geschenkt bekam: ICH UND OPA

IV/VIII/76

"Bilder sprach" von liebevoll schelmischen Miteinander. Wo auch ein bißchen in der Asche gekehrt wird, wie bei Wilhelm Busch, sprach mal lange mit Böll darüber

Abbildung 9 zu Brief 43 vom 2.8.1976

aber das wollte er
sm Motive haben und
dies der tragik und
der guten Malerei bei
WB sollte er nicht
die Ursache sehen.
Was Hille Bobbe in
Franz Hals in hannover
alles eingerichtet hat,
und doch nicht geholfen
dem
armen
Maler
Wilhelm
Busch
auf

Abbildung 10 zu Brief 43 vom 2.8.1976

Abbildung 11 zu Brief 45 vom 7.8.1976

Abbildung 12 zu Brief 45 vom 7.8.1976

to make
the best
of it.
I keep on
fishing
isn't
a fish on
the line
isn't a
crime.

St. Theresa oh
~~Little home~~
~~little~~ Christmas
Soldiers arm.

Es ist schön in
Rot. 1000 Leute
Ich prayte nach
den Pädagogik Studenten
und dem Bischof von Würzburg
there were no ~~stories~~
at all

Abbildung 13 zu Brief 45 vom 7.8.1976

Abbildung 14 zu Brief 46 vom 7.8.1976

Lieber Freund
Kippenhardt
Ich kann Ihren
Brief schon aus-
wendig. So
gut tut
er mir.
Besonders die
leichten Fehler.
Seltsam, wie
man einander
helfen kann,
es ist der Wunsch
der Sprache
der Diktatur
der Kunst!

10 VIII 76

Abbildung 15 zu Brief 47 vom 10.8.1976

15/VIII 76

Lieber Leonde Kipphardt, M.L.,
ist ein Klageweib und Sie
weiß, wie sehr Sie mich
nie zu trösten. Aber deshalb
müssen wir nichts überstürzen

Abbildung 16 zu Brief 50 vom 15.8.1976

Abbildung 17 zu Brief 51 vom 16.8.1976

Da ich leider nicht mit Ihnen sprechen kann, schicke ich ab & zu einen Brief ab und hänge ihn an die Wand.

Es zieht dann sogar nach Arbeit aus. Die verfluchten Protestanten als Vorfahren, wollen mich noch aus ihren Gräbern heraus Flöhe und Arbeit haben! Kommst du das neue Jahr?

herzlich
D. Schnebel

Abbildung 18 zu Brief 51 vom 16.8.1976

Abbildung 19 zu Brief 52 vom 27.8.1976

Abbildung 20 zu Brief 53 vom 13.9.1976

Abbildung 21 zu Brief 53 vom 13.9.1976

Abbildung 22 zu Brief 55, undatiert

Abbildung 23 zu Brief 60 vom 1.10.1976

Abbildung 24 zu Brief 63, undatiert

Abbildung 25 zu Brief 66 vom 19.10.1976

Lieber
Herr S, 17/XI/76
es sind böse
Zeiten. Wie
soll
man
da noch
eigene Vögel
fangen...
Zu einer Barrikade
reicht es gewiss
vorne und hinten
nicht. Da
stehen einfach
Panzer, und
Maschinengewehre.
Ein Rätsel kann
man auch nicht in solche Gegenden
spannen... Aber denken
sollten wir können! Mirth
Ratgeb? Ihr Hans merci
Entschuldigung vor Müde sein u
ungewaschen

V: es ist nichts los
hier...

Abbildung 26 zu Brief 73 vom 17.11.1976

Abbildung 27 zu Brief 83 vom 18.5.1977

Abbildung 28 zu Brief 83 vom 18.5.1977

Abbildung 29 zu Brief 84, undatiert

Abbildung 30 zu Brief 84, undatiert

Abbildung 31 zu Brief 94, 25.8.1977

69

29 | X | 76

Lieber, treuer Freund Kipphardt

Sie kennen mich aber schon sehr gut.
Man darf mir nichts sagen, nichts vom libanon-soldier. Und ich sollte auch nicht die Ganovenfresse gelesen haben. «ach wie wir doch übertreiben» sagt Walser!
mein lieber geben Sie Pardon Ihrem sehr zugetanen

Grieshaber

diesen Holzschnitt kann ich abziehen und dann auf jedem farbigen Grund drucken.

PS. der umstehende Holzschnitt war einmal für Siqueiros an Lopez Mateos gerichtet.

Handschriftlich. Aufgeklebter schwarzer Holzschnitt aus: Flugblatt für Siqueiros (WV 64/128). Auf der Rückseite aufgeklebter gedruckter Text von WV 64/128b: «Su Excelencia es presidente Lopez Mateos | Presidente de los Estados Unidos Mexicanos | Gracia por el pintor David Alfaro Siqueros. Conceda Vuestra Excelencia a un colega aleman del pintor la posibilidad de librarse de su propia culpa y comprorhisos. | Ninguna autoridad debe castigar la soledad del taller por toda una vida. Esto seria duro para con la naturaleza del artista de cualquier pais. Una autoridad externa que nos califica de bárbaros. Yo mismo lo vivi y quisiera que nunca jamás esto se aprobarse. | Grieshaber». – Original im DLA.

70

3 | XI | 76

mon cher,

auf der achalm der herbst und wir beide am Sa. 13.11./11^h ernten in der Galerie Valentien

je t'embrasse Grieshaber

Handschriftlich auf Aquarell in Braun- und Grüntönen (Achalm). Original im DLA.

Galerie Valentien – Bis heute bestehende Galerie in Stuttgart, in der Grieshaber 1938 seine erste

Ausstellung in Deutschland hatte, getarnt als ethnologische Sammlung griechischer und arabischer Volkskunst. Vgl. HAP Grieshaber: Malbriefe. Hg. Margot Fuerst. Mit einem Nachwort von Ulrich Sonnemann. München 1969, S. 50. – Die Signierstunde Grieshabers und Kipphardts zur Vorstellung des *Engels der Psychiatrie* fand am angegebenen Datum in der Galerie statt.

71

Angelsbruck, 8.11.76

Lieber Grieshaber, lieber Freund,

wie erwartet waren die Verlagsleute von dem Foto für den Umschlag Vor- und Rückseite sehr begeistert, und der Herr Zembsch fragt, ob er das Negativ haben könne, weil er ein bißchen was probieren will. Machen Sie es bitte so, wie Sie für richtig halten, daß in der Sache verfahren werden soll. Ich möchte Sie so wenig wie möglich mit Kleinigkeiten behelligen. Die Adresse ist: Bertelsmann Verlag, Steinhauserstr. 1, 8 München 80.

Ich freue mich sehr, Sie am 13., 11 Uhr bei Valentien zu sehen.

Herzlich

    Ihr

Maschinenschriftlich. Durchschlag im DLA.

Zembsch – Dieter Zembsch (*1943), Graphiker, seit 1977 freischaffend.

72

Lieber Heinar Kipphardt

gedrängt, herumgeschubst bin ich 1977 im Jahr der Gefangenen selbst ein Gefangener. Wissen Sie, warum es keine Kunstpreise mehr gibt? Wir sind uns alle zuviel geworden. Durch Presse, Funk, Fernsehen, Telefon, und die Schreibmaschinen. Aber Sie lieber Freund lesen sich noch ein. Ich freue mich auf Sa. 13.11. herzlich Ihr

    Grieshaber

9 | XI | 76

Handschriftlich auf rotem Plakat für amnesty international: Gefangener ai (WV 74/29). Original im DLA.

17 | XI | 76

Lieber Freund,

es sind böse Zeiten. Wie soll man da noch eigene Vögel fangen ...
Zu einer Barrikade reicht es geistig vorne und hinten nicht. Da stehen
einfach Panzer, sind Abschußrampen. Ein Hochseil kann man auch
nicht über solche Grenzen spannen... Aber drucken sollten wir können!
Durch Ratgeb? Grand salut et grand merci für die Widmung von März
bien à vous
   Grieshaber

PS. es ist nicht der Fuuß . . .

           II

Auch die Unterwäsche des Vaters war an einem Telefonat aufgehängt
(Ihrem in der Nacht von Angelsbruck)
Pardon, ging in die Hose! Maler sind oft ganz nah an der schmutzigen
Wirklichkeit. Ihr Talent steigert sie vielleicht anders wie der Literat?

          III

Was mich als Kind in Rot beeindruckt hat, ist nicht die Kirche. Es ist
das Werk von Gleichgesinnten, das was Künstler gemacht haben! Und
Frauen: Umhänge, Mäntel, Ornate, Wandbehänge usw. Die Gaukler!
Auf gutes Wiedersehen,
herzlich Ihr Grieshaber

Handschriftlich, vgl. **Abb. 26**. Weitere blau-rote Aquarelle auf S. II: Erhängter am Baum, S. III: auf dem Kopf stehende Figur. Als Beilagen: Brief an Gerd Fleischmann, der selbstgedruckte Plakate zum Ratgeb-Preis eingereicht hat (16.11.1976); Brief an Rolf Szymanski über weitere Querelen zum Ratgeb-Preis (16.11.1976). Original im DLA.

Widmung von März – «Das Schweigen, meinte März seinem Freunde Grieshaber gegenüber, sei der Engel der Psychiatrie und machte für ihn das Gedicht über den Karpfen, seine Ansicht in behaltbarer Form zu belegen. || Wenn ich einen Fisch esse | Karpfen besonders | denke ich meistens bewundernd | dieser sprach nie | dieser genüssliche Mund | suchte den Schlamm ab | und schwieg. || Da nahm der Grieshaber sein Messer, aber wohl nicht ganz zustimmend. Und März hatte ja auch nicht geschwiegen. | Heinar Kipphardt | Stuttgart 12. Nov. 76». Grieshabers Exemplar befindet sich, wie seine gesamte Bibliothek, in der Stadtbibliothek Reutlingen.

74

Lieber Heinar Kipphardt

in Bayern war nichts vor 450 Jahren
hier in Wttbg ist heute nichts vergleichbar, der Landesvater hätte denn
einen goldenen Pen.
   Salute Ihr
   Grieshaber
M. H. verdiente ein gutes Wort
quand même

Handschriftlich, oranger Filzstift auf eloxierter Metallfolie mit gezeichnetem Kopf (Selbstporträt?). Undatiert. Original in Privatbesitz (Pia Kipphardt).

75

21 | XII | 76

Lieber Heinar Kipphardt,

Gestern Abend mit Alexander war das ein Fest! Jetzt kann mir nichts mehr geschehen. Ich bin wieder froh. Sie haben alle verzaubert und Jasny ein strenges Gerüst gegeben.

Dank mein Lieber, vielen Dank! Schön still ist es hier oben. Zur Not habe ich, wie immer über die Festtage, viel Holz mir vorgenommen, Sie werden es sehen. Im Neuen Jahr. So lange Ihnen und Frau Pia herzlich empfundene gute Wünsche. Ein bißchen Glück so wie Euer vieux gestern Abend es hatte mit Ihrer Kunst et grand salut et grand merci Euer Grieshaber

Handschriftlich auf Holzschnitt-Leporello (grün, orange, grau, violett, gold, schwarz): Weihnachtsaltärchen (WV 75/41). Original im DLA.

Jasny – vgl. Kommentar zu Brief **1**.

Mon cher, Sie schreiben – wie schön! Und einen Topf in der Ecke damit man nicht hinaus laufen muss. So heisst es bei den Goncourt. Viel Schnee wünsche ich dafür.

Viele Grüße von der Achalm für Sylvester.
je t'embrasse Ihr Grieshaber

PS. Haben Sie die bei Havemann aufgefahrenen Lastautos gesehen? Der Reporter Loewe davor. Dachten Sie nicht auch beim 18. Brumaire an Preussens Kadetten, des roten Preussen Kadetten? Für Loewe hätte man keine Strassensperren gebraucht und für das ZK nicht den 18. Brumaire bemühen müssen. Marx haben die auch gelesen. Was wird sein, wenn sich der Nebel verzieht?
Einer schreibt der Ricca: «schönste Grüsse aus dem finstern hiesigen Dezember, hier fallen die Amseln tot aus der Luft, wenn sie ins Auge der Regierenden geblickt haben.» Ich las Ihren Brief an die Volksztg.

Salud

Handschriftlich auf schwarzem Holzschnitt: Achalm (WV 77/50). Undatiert, Ende Dezember 1976. Original im DLA.

Havemann ... Loewe – Kurz vor seiner Ausweisung führte der ARD-Korrespondent in Ostberlin, Lothar Loewe, ein Interview mit Robert Havemann über die DDR-internen Solidaritätserklärungen für Wolf Biermann nach seiner Ausbürgerung in die Bundesrepublik. Havemann stand seit November 1976 mitsamt seiner Familie unter Hausarrest. Das Interview ist abgedruckt in Lothar Loewe: Abends kommt der Klassenfeind. Eindrücke zwischen Elbe und Oder. Frankfurt/M., Berlin, Wien 1977, S. 106–108.
18. Brumaire – Am 18. Brumaire des Jahres VIII des französischen Revolutionskalenders (9.11.1799) stürzte Napoleon mit Hilfe seines Bruders Lucien Bonaparte das Direktorium, löste den Rat der 500 auf und übernahm als Erster Konsul die Macht. Karl Marx' *Der 18te Brumaire des Louis Napoleon* (1852) ist eine der Grundschriften des historischen Materialismus.
Ihren Brief – Kipphardt hatte eine knappe Erklärung zur Ausbürgerung Biermanns verfasst, der sich zahlreiche Kollegen anschlossen: «Die Ausbürgerung des oppositionellen Kommunisten Wolf Biermann durch die Behörden der DDR empört uns linke Schriftsteller, denn sie erinnert uns an vergangen geglaubte Praktiken, die der revolutionären Bewegung in der ganzen Welt unermeßlich geschadet haben. Für die Entwicklung zum Sozialismus ist die kritische Auseinandersetzung in Theorie und Praxis eine Voraussetzung. Wer Kritik mit bürokratischen Mitteln niederwalzt statt sich mit ihr auseinanderzusetzen, schadet der sozialistischen Bewegung.» – Zit. n. Heinar Kipphardt: Ruckediguh, Blut ist im Schuh. Essays, Briefe, Entwürfe Band 2: 1964–1982. Gesammelte Werke in Einzelausgaben, Hg. Uwe Naumann unter Mitarbeit von Pia Kipphardt. Reinbek bei Hamburg 1989, S. 234.

77

9 | III | 77

Lieber Freund,
wir fliegen Sonntag den 13.3.77 nach Athen via Mchn. am 16.3./20 ist die Eröffnung im Stadthaus, Kulturzentrum der Stadt Athen.
Es kommen schwere Tage. Glücklicherweise sind sie nur so lange schwer, so lange sie nicht leicht sind. Ihre Tage dürften es bleiben
ich drücke fest

Handschriftlicher Brief, letzte Zeile korrupt, auf der Rückseite eines Holzschnitts: Eule (WV 71/53). Beilage zum Buch: Griechenland lädt Grieshaber ein. HAP Grieshaber zeigt im Kulturzentrum der Stadt Athen vom 16.–31. März 1977 Mahnbilder für die Freiheit und die Menschenrechte. Bilder: HAP Grieshaber. Texte: Margarete Hannsmann. Stuttgart 1977. Original in Privatbesitz (Pia Kipphardt).

78

Achalm 10.3.77

Hab Dank, lieber Freund mir es gleich zu sagen. Es sind wenige bei denen der Schnitt nicht mitten durch die Familie ging. Bei mir war der *erna possul*, nichts eingebunden, wie bei den Juden und Metöken. Vielleicht bin ich nur darum noch da um das Geschenk vom Freunde anzunehmen. Mit ihm weiter ganz zu überleben, mit zu erleiden und deutlicher zu haben was mir immer gefehlt hat: ein Vater und eine Mutter auf derselben Seite des Leidens. 12 Jahre lang, nicht verwandt zu sein, war lang.

Die Nacht ist fast vorüber, ein fremder Vater hat mich adoptiert, alter Kipphardt, salud camerado hap

Handschriftlich. Aufgeklebtes Foto: Bodenplatten, Fichtenzweige. Original im DLA.

erna possul – von Grieshaber verschliffen aus dem jiddischen *erav possul*, undichter, gebrochener Zaun; also etwa: Bei mir war der Zaun gebrochen.
Metöken – von altgriech. métoikos (Mitbewohner): ortsansässiger Fremder ohne politische Rechte.
camerado – span., recte camarada.

23 | IV | 77

Lieber Heinar Kipphardt

endlich hab ich Sie wiedergesehen am Flügel stehend. Ich habe Sehnsucht aber nicht ‹Zeitlang› wie man in Bayern sagt. Gerade im Aufbruch nach Mannh. zu Volker Braun. Zum PEN komme ich nicht, muß am 8.3./11ʰ wieder in Mannheim sein – die Sache der Griechen hat sich verschoben. Holzschnitte brauchen eben lang. Der rechte Weg auch.
Vorerst brauche ich die Blumen von Delphi bis ich sie malen kann. Am Telefon bin ich auch nicht recht da, wann kommt das Flugschiff?
Ich umarme Sie
    Ihr
      Grieshaber

Schöne Grüße für Frau Pia

Handschriftlich. Original im DLA.

8.3. ... Sache der Griechen – recte 8.5., vgl. Kommentar zu Brief **80**.

80

7 | V | 77

Lieber Heinar Kipphardt,

die Verlegerin hat angerufen und einen Termin gesetzt. Ich muß mich also fest waschen und ganz freistellen, so lang

je t'embrasse

      Grieshaber

Handschriftlich. Auf der Rückseite Einladung der deutsch-griechischen Gesellschaft Heidelberg und des Kulturamts Mannheim zur Ausstellungseröffnung durch Grieshaber und Hannsmann am 8.5.1977 im Nationaltheater Mannheim: «Der Graphiker und Holzschneider HAP Grieshaber stellte auf Einladung der griechischen Regierung vom 16. bis 31. März 1977 im Kulturzentrum der Stadt Athen «Mahnbilder für die Freiheit und die Menschenrechte» aus. Die Texte zu dem Ausstellungskatalog hat Margarete Hannsmann verfaßt. Mit dieser Ausstellung, zu der Grieshaber nach Athen kam, hat das demokratische Griechenland ein Zeichen der Dankbarkeit gesetzt für Grieshabers Unterstützung des Kampfes gegen die 1974 zusammengebrochene Militärdiktatur. | Wir freuen uns, Ihnen diese Ausstellung jetzt erstmals in der Bundesrepublik präsentieren zu können.» Original im DLA.

Verlegerin – Gemeint ist Ingrid Grimm (*1938), Lektorin bei der AutorenEdition und zusammen mit Uwe Timm Betreuerin des Werks von Heinar Kipphardt bei diesem Verlag; zu besprechen waren die Illustrationen zu dem Gedichtband *Angelsbrucker Notizen* (1977).

81

9 | V | 77

Mon cher,

das feed-back aus Athen kommt recht für den PEN. Menschenwürde wird erst an ihrem Gegensatz sichtbar.
Ihr armes Pferd und Hund, gekrümmt
    Salute
    Γριζ

Handschriftlich unter aufgeklebtem Zeitungsausschnitt mit Kinderzeichnung: «MEINE MUTTER wäscht jeden Tag die Walzen und den Gummi von der Offsetmaschine und schlägt das Papier auf. Dann muß sie aufpassen, daß die Farbe nicht schmiert...», schreibt Rainer, zehn Jahre, unter seine Zeichnung, in der er versucht hat, die Arbeitswelt seiner Mutter, einer Hilfsarbeiterin, darzustellen. [...]». Beilage: Griechenland lädt Grieshaber ein. HAP Grieshaber zeigt im Kulturzentrum der Stadt Athen vom 16.–31. März 1977 Mahnbilder für die Freiheit und die Menschenrechte. Bilder: HAP Grieshaber. Texte: Margarete Hannsmann. Stuttgart 1977. Original (ohne Beilage) im DLA.

82

ein Brief, dann doch nicht abgeschickt

18 | V | 77

Lieber Freund,

in Gedanken war ich bei Ihnen in Mannheim beim PEN. Motorisch war das «gelaufen». Jeder war froh keinen Konsens mehr zu finden. Es ist wahr, die grossen Herren sind nie offen zu uns gewesen. Den Nebel, den sie versprühen durchdringt schon lange kein redliches Wort! Schade, daß es immer nur Tricks sind, die entlarven wollen.

II

Miese Tricks und schlechte Kumpanie. Unsere propädeutische Arbeit kommt nicht zum Vorschein. Wir schaden uns selbst, (Wolf Biermann z.B. im Brief an Havemann in dem er Ärzte verdächtigt). Die schwache Begabung grinst sich dabei eines. Wer sagt endlich offen wie sie uns seit Jahren ans Messer liefern. Sitzen unter uns oder lassen grüssen während ihr stinkender Atem in den Gazetten uns anpustet.

III

Das Wort sollte mächtig sein die verdeckte Macht zu entlarven. Aber wir sind in die Wörter gekommen. Nichts haut aufs Maul, keiner sagt wie Nietzsche: er darf darüber nicht sprechen, schon weil er aus dem Halse stinkt darf er es nicht.» Und wie sie stinken! Schliessen von Terroristenbanden auf das Studentenmilieu, geben vor, daß uns nur die Vorsicht trennt – «möglicherweise» sagen sie von der Bereitschaft zum Mord.

IV

Ohnmacht der Sprache schafft das nicht. Während sie uns verkrüppeln mit ihrem Getön von Rechtsstaatlichkeit lassen sie sich Einwände und Warnungen honorieren die gar keine sind. Vermutete Gesinnungen sollten wir auf den Hackblock unseres Talents legen und die Denunziation herausklopfen. Es ist kein Grund sich auf die Schulter...
Ich will solche Briefe haben!

Salud Ihr Γριζ

Handschriftlich. Original im DLA.

Lieber Freund – Nur die erste und die beiden letzten Zeilen sind an Kipphardt gerichtet; Grieshaber schickt ihm hier den Briefentwurf an einen (nicht rekonstruierbaren) Dritten.
in Mannheim beim PEN – Vom 12.–14.5.1977 war Jahresversammlung des PEN in Mannheim; gegen die Atompolitik der Regierung wurden zwei Resolutionen verabschiedet. Kipphardt nahm an einer Podiumsdiskussion über «Die Räuber '77» teil.
Biermann im Brief an Havemann – Wolf Biermann: Brief an Robert Havemann. In: W. B.: Nachlaß 1. Köln 1977, S. 7–20, Grieshaber spielt auf eine Passage auf S. 11 an: «Laß Dich bloß nicht ins Krankenhaus verfrachten! wenn du erst mal in Buch liegst, legen sie Dich um.»

83

18 | V | 77

Lieber Freund,

die Feder von Daumier müsste man haben um zu sagen was das Bundesverfassungsgericht jetzt alles soll. Es soll einen Zeitungsstreik als Bedrohung lebenswichtiger Funktionen behandeln

II

es soll das Studentenmilieu als Vorbereitung zum Mord anklagen.
Vielleicht sogar auch noch die Gesinnung.

III

die brave Hausfrau von XYZ gehört dazu. Jeder ein Beamter! der
Rechtsstaatlichkeit.
Denunziation hier wie dort! Was haben wohl die Ärzte drüben zu dem
Brief an Havemann gesagt? So schaukeln wir uns gegenseitig hoch

es konnte uns am Arsch lecken wären wir begabt genug
Auf bald
herzlich Ihr Grieshaber

Handschriftlich, vgl. **Abb. 27** und **Abb. 28**. Auf S. III weiteres violettes Aquarell: Richter. Original im DLA.

Zeitungsstreik – vgl. Kommentar zu Brief 32, Grieshaber ist hier entschieden auf Seiten der streikenden Drucker.

84

ob ich finde, was Daumier übrig gelassen hat?

ich bin wütend wie wenig in Mannheim gesagt worden ist.

Handschriftlich, vgl. **Abb. 29** und **Abb. 30**. Undatiertes Fragment zum 18.5.1977. Original im DLA.

85

25 | V | 77

Mein Lieber,

schön Ihre Stimme wieder zu hören und jemand der sagt, was Schmiere
ist.
Es hat gut getan. Dr. Pierwoß der Dramaturg von Mannheim ist
Intendant in Tbg. geworden. Die Feier gestern Abend war kurz von

mir aus, sonst hätten Sie mich nicht erreicht. Vielleicht kommen Sie doch vor dem 5.6. vorbei. Ich bin allhier. Sonst ab 10.6. Grand salut
     Ihr Grieshaber

Handschriftlich auf Kopie einer Zeichnung von Paul Degen: Moderne Stuhlplastik träumt von Schaukelstuhl. Original im DLA.

Pierwoß – Klaus Pierwoß (*1942), heute Intendant der Bremer Theater, war von 1975 bis 1978 Dramaturg am Nationaltheater Mannheim, dann von 1978 bis 1984 Intendant am Landestheater Tübingen («Tbg.»).

86

30.5.77

Lieber Heiner Kipphardt,

Bei HAP Grieshaber sah ich die Fotos von Ihnen, auch den Engel d. Psychiatrie, der mich sehr interessierte.
Herzlichen Gruß Ihr alter
    Herbert Sandberg
Herzlich
    Margarete
    Grieshaber

In Herbert Sandbergs Schrift auf der Ansichtskarte eines Gemäldes von Wolfgang Mattheuer (*1927): Plastik im Garten. Gemäldegalerie Dresden. Original im DLA.

Sandberg – Herbert Sandberg (1908–1991), Graphiker, Karikaturist, Publizist; angeregt von Frans Masereel und Grieshaber auch Holzschneider. Als Kommunist 1934–1945 im Zuchthaus Brandenburg und, wie Kipphardts Vater, im KZ Buchenwald. Begründer / Mithg. des *Ulenspiegel* bis 1950, Chefredakteur der *Bildenden Kunst* 1954–1957, dann freischaffender Künstler.

87

27 | VI | 77

Lieber Heinar Kipphardt, lieber Freund

«Youth show's bad half, see all nor be afraid.» Ich bin allhier

herzlich   Ihr Grieshaber

Handschriftlich auf übermaltem schwarzem Holzschnitt: Drei Figuren (Musiker). Original im DLA.

88

4 | 7 | 77

Lieber Freund,

ohne Ihren Zuruf geht es mir längst nicht mehr so gut wie im vergangenen Jahr

Salut
Ihr
Grieshaber

Handschriftlich auf schwarzem Holzschnitt: Hochzeit auf der Alb (WV 76/39). Original im DLA.

89

28 | VII | 77

Lieber Freund, was sind Sie für ein wunderbarer Mann. Eben kommt Margarete, die ihr MS. wegbringt, von der Achalm zurück und ich habe den ›Mann des Tages‹.
Der Schutzumschlag versammelt klug die Namen.
Auf dem Rücken die Figur wie eine Höhlenzeichnung. Der starke rote Rasterpunkt legt eine Schicht hinter meine Figur. Da hatten wir Glück. Ein Palimpsest!

Paläolithikum, Jungsteinzeit und Neolithikum übereinander. Nur den Ohrring für Frau Pia fand ich nicht.
Ich umarme Sie herzlich Ihr
      Grieshaber

Neutronenbombe

Problem X
für
Professor
      süß
Waffe X
für
Minister
      Konventionell
X = 70' Minuten Trommelfeuer

für
General
      sauber, sauber
Tauschobjekt X
für
Präsident
      frei
X Kriegsverbrecher
für
Alfred Andersch
      verurteilt
in
Grafenwöhr
bester Schütze
ausgezeichnet
mit sowjetischen Orden
wartet
ein amerikanischer Soldat
      jetzt

Handschriftlich auf rotem Holzschnitt: Windmühlenflügel auf Servierbrett, Paar im Auto (Margarete Hannsmann als Fahrerin und Grieshaber; WV 77/20, dort ohne den Abdruck des Servierbretts im Hintergrund); verwendet in Sancho Pansa [d.i. Margarete Hannsmann]: Chauffeur bei Don Quijote. Wie hap Grieshaber in den Bauernkrieg zog. Düsseldorf 1977, S. 161. Original im DLA.

Mann des Tages ... Schutzumschlag – Heinar Kipphardt: Der Mann des Tages und andere Erzählungen. München 1977. Die Innenklappe rekapituliert den Entstehungsprozess des Titels: «Schutzumschlag: Dieter Zembsch | Foto: Ricca Achalm | von Holzschnitten | von HAP Grieshaber».
Neutronenbombe – vgl. die von Grieshaber veröffentlichte abweichende Fassung in: Wolfgang Rothe (Hg.): Schnittlinien. Für hap Grieshaber. Düsseldorf 1979, S. 13.

90

29. Juli 77

Liebwerter Freund,

Ihr herzlicher Brief nahm mir die Sorge, Sie könnten den Umschlag MANN DES TAGES wegen des rüden Umgangs mit Ihren Arbeiten als eine Zumutung aufnehmen, und ich bin froh. Ich sehe die Sache ähnlich wie Sie, obwohl über Ihre Arbeit böse hergezogen wurde, setzte sie sich auf eine neue Weise durch, nahezu prähistorisch. Natürlich zog ja schon die Fotografie über den Holzschnitt her, will sagen, es entstand etwas anderes mit ihr. Für meine Zwecke war die grobe Zitierung Ihrer Arbeit jedenfalls von Vorteil.

Ich hoffe, Sie können mit der neuen Erzählung DER DESERTEUR was anfangen, und ich bin sehr zufrieden, über die ANGELSBRUCKER NOTIZEN zu einer weiteren Zusammenarbeit mit Ihnen zu kommen. Der Verlag ist sehr begierig Ihre Holzschnitte mit meinen Angelsbrucker Gedichten in einer Mappe zu machen, aber wir wollen da genau hinsehen, ob das für Sie und mich die beste Möglichkeit ist. Wenn der Gedichtband abgeliefert ist, sollten wir mit Ingrid Grimm zusammen kommen und überlegen, ob Bertelsmann in diesem Kunstbereich für Sie und mich richtig ist. (Die Vertreter, höre ich, waren daran sehr interessiert.)
Inzwischen habe ich ein paar neue Gedichte gemacht und wage auch, ein paar alte dazu zu legen. Ich tue mich schwer, in meine früheren Häute zu schlüpfen, frisch von der Leber weg ist da halt gar nichts mehr, und man betastet sich doch nur widerwillig als Historie. Ich bin recht froh, daß wir gut miteinander sind. Man müßte sich viel öfter sehen, um zum Beispiel über die Kinderzusammensetzspiele zu reden und die riskante Folgerung in dem entstandenen Blatt. Ich war beim ersten Sehen nicht befähigt, die Einladung anzunehmen.

Bis auf die Anrede maschinenschriftlich. Fragment. Durchschlag im DLA.
ANGELSBRUCKER NOTIZEN – Heinar Kipphardt: Angelsbrucker Notizen. Gedichte. Mit 10 Tuschezeichnungen [und einem Holzschnitt] von HAP Grieshaber. München 1977
Grimm – vgl. Kommentar zu Brief 80.

91

4 | VIII | 77

«Ich sehe da auch für die schönen Künste Aufgaben liegen, deren Unbehagen sich, tiefer gesehen, auf ihrer gegenwärtigen gesellschaftlichen Aufgabenlosigkeit gründet. Gerade die indirekte, sinnliche Verführungskraft der Kunst kann aber Wunder tun, wo dürre Gedanken nicht hinreichen.»

Lieber Freund, oh Gott von Adelaide, was denkt er sich. Gerade das wollen wir nicht. In der Straßenbahn, auf der Fußgängerstraße, im Großblockviertel wollen wir keine Farbwege, Platzmale undsowas. Wollen in Ruhe gelassen werden! Das ist unsere Demokratie. Sie hat kein Forum. Weder romanum noch rirum-larum mehr. Das ist die allgemeine Öffentlichkeit und dann gibt es noch die Kunstöffentlichkeit, die eine Scheinöffentlichkeit hat. Sie haben recht, wenn Sie das denen in den Mund legen: die Kunst.

Es wäre schierer Kapitalismus, gäbe ich für Bertelsmann ein Original her. Sie sollen reproduzieren und selber finanzieren. So gute Gedichte bekommen sie nicht sogleich wieder! Ich verkleinere gerade meine Zeichnungen für Ihre Angelsbrucker Notizen auf Buchformat. Es wäre schade, sagte mein Verleger aus Dresden, sie nicht so frisch zu nehmen.

	Ein Specht!
	wo bist Du?
	komm
	Höre ich
	Deine
	Schreibmaschine?
3.8.77	
für Sarah Kirsch	Jetzt
	kommst Du
	schade
	Specht
	gewesen!

so lang, herzlichst

    Ihr
    Grieshaber

Bis auf die letzten drei Zeilen maschinenschriftlich. Filzstiftzeichnung: Mann mit ausgestreckten Armen. Original im DLA.

Ein Specht – vgl. die von Grieshaber veröffentlichte abweichende Fassung in: Wolfgang Rothe (Hg.): Schnittlinien. Für hap Grieshaber. Düsseldorf 1979, S. 14.

92

11 | VIII | 77

Mein Lieber

rasch hier die Angelsbrucker Notizen. Die neuen regen mich auf Fortsetzung folgt.
Ich bin noch angeschlagen von der Beerdigung. Auch die Clichées sind dabei. Handle with care!

    Ihr
    Grieshaber

Handschriftlich, blaue Tinte auf rotem Heftdeckel. Original im DLA.

Beerdigung – Kipphardt und Grieshaber waren auf der Beerdigung Ernst Blochs († 4. August 1977) in Tübingen.

93

21 | VIII | 77

Lieber Freund

ich habe Sie nicht vergessen! Dafür sorgen schon Ihre Gedichte!

je t'embrasse!

Salud Grieshaber

Handschriftlich. Original im DLA.

94

25 | VIII | 77

Lieber Heinar Kipphardt es wird Herbst, die Grüße tauchen im Nebel unter

Salud Ihr Grieshaber

Handschriftlich, vgl. **Abb. 31**. Original im DLA.

95

26. August 1977

Lieber Freund, ich habe alles ordentlich in den Verlag getragen, und die Frau Duda ist nach Gütersloh gefahren, um alles genau zu besprechen. Mir gefällt das Portrait, und ich denke, es paßt zu den Gedichten, die den Dichter K. in kritischer Lage behandeln, Sie müßten die wohl haben. Die Blätter für die Angelsbrucker Notizen (die fünf ersten) und der dicke Dichter Pan gefallen mir am besten, es ist dann irgend ein Knoten in

Ihre Produktion gekommen, aber das liegt vielleicht an dem Durcheinander in dem die Gedichte über Sie gekommen sind. Hätten Sie etwas dagegen, wenn ich zusätzlich zu Ihren neuen Sachen den Schwarz-Zusammendruck aus dem Engel der Psychiatrie für den Teil der alten März-Gedichte verwende? Der müßte auf zwei Seiten vor diesem Komplex stehen.
Der Band ist so geordnet: Angelsbrucker Notizen; Gedichte und andere Notizen; Erinnerung an Warschau und andere frühe Gedichte; März-Gedichte I; März-Gedichte II.
Der Umschlag ist schon lange ausgedruckt, sodaß sich der Hinweis «mit zehn Tuschezeichnungen von HAP Grieshaber» nicht ändern läßt, wir können das höchstens innen als «Tuschen über Holzschnitten» bezeichnen, aber das könnte auch verwirren. Was mir leid tut ist, daß wir Ihren schönen Malbrief zum Tode nicht verwenden können, wo die drei Tode mit den Gefäßen auf dem Kopf das Lebenswasser ausgießen. Erinnern Sie sich, es sind mehrere Farben, und ich möchte Sie nicht quälen, eine Variante für den Band zu machen. Sie sehen, ich quäle schon.
Ich schreibe verspätet, weil Biermann hier war, der weitere Märzlieder machen will, und so zeigte ich ihm die neuen.

Maschinenschriftlich. Fragment. Durchschlag im DLA.

Duda – Gundula Duda (*1943), Herstellerin bei der AutorenEdition.
Portrait – vgl. Heinar Kipphardt: Angelsbrucker Notizen. Gedichte. Mit 10 Tuschezeichnungen von HAP Grieshaber. München 1977; das Porträt gegenüber dem Gedicht *Momentaufnahme von K. in kritischer Lage 2*, S. 37; «Pan» gegenüber MÄRZ, *Oktoberengel*, S. 176.

96

30 | IX | 77

Lieber Freund,
die Blätter fallen und es ist wenig Hoffnung daß wir davonkommen dieses Jahr. Ich bin schon froh an Ihrer Seite zu sein
    für eine bessere Zeit
    je t'embrasse
        Ihr hap

Handschriftlich zwischen aquarelliertem Laub. Original in Privatbesitz (Kirsten Engelmann).

18 | X | 77

Mon cher, es hat sich nichts geändert seit dem Bauernkrieg und seit Guernica, ausser, daß es die Bundesrepublik der DDR und der Sowjetunion verdankt in Somaliland stürmen zu dürfen. Was fällt der Rundschau ein?
Je t'embrasse
                    hap

schreibe über den Stoff zur Welt als Antwort gegen den Artikel

Handschriftlich auf Kopie von Leonhard Beck: Das Turnier auf einem Hummer (um 1523). Pablo Picasso: Traum und Lüge Francos (8.1.1937). Beilage: Luftaufnahme von Achalm und Schwäbischer Alb. Original im DLA.

in Somaliland stürmen – Am 18. Oktober 1977 stürmte die GSG 9, eine Spezialtruppe des Bundesgrenzschutzes, in Mogadischu die Lufthansa-Maschine «Landshut». Sie war von palästinensischen Terroristen entführt worden, um – parallel zu den Entführern Hanns Martin Schleyers – die Freilassung inhaftierter RAF-Terroristen in Deutschland zu erzwingen.

St. Brigida 27. Dez. 77

Lieber HAP Grieshaber,
da Sie mir im Traum erscheinen, schreibe ich Ihnen. Es war ein Kongreß, Sie sollten zuerst reden, waren aber noch nicht da. So bedrängte man mich, die Leute (wenige) zu begrüßen und aushilfsweise so lange zu reden bis Sie eingetroffen wären. Beim Reden bestand meine Schwierigkeit darin, dass ich nicht wußte, wer zu diesem Kongreß eingeladen hatte und welchem Gegenstande er galt. Ich sprach dann der Einfachheit halber über Oppenheimer, das Stück, und da der Physiker mit seiner Frau anwesen war, polemisierte ich so elegant gegen ihn, daß es niemand verstand, und das gefiel allen.
Der Weihnacht zu entgehen, sind wir auf 14 Tage hierhin gefahren und pflücken Veilchen im Orangental. Im Mistral, der seit einigen Tagen weht, nähert sich die Hochgebirgslandschaft der deutschen Nebelromantik, aber eine halbe Stunde mit dem Auto und man ist in afrikanischer Wüste am Meer. Die sonnenhungrige Pia genießt das warme Wetter, und ich versuche zu arbeiten, weil ich zum reinen Genusse nicht gemacht bin.
Im Traume übrigens waren wir etwas aneinander geraten, weil Sie die

Bebauung des Platzes kritisierten, wo wir uns neu niedergelassen hatten, es war ein anderes Angelsbruck, und Sie behaupteten, die Querachse zu dem Hauptgebäude sei um 20 cm verschoben, und wir hätten einen schönen Ort somit verdorben. Ich hielt dagegen, erst die Unregelmäßigkeit mache den Ort schön und hieb einige Bretter aus einem Holzverschlag.
Wie mag es Ihnen gehen, ich bin sehr begierig von Ihnen zu hören. Am 31. Dez. fliegen wir zurück, weil ich mit Jasny in München einen Film mache. Ich melde mich dann sogleich.
Seien Sie auch von der Pia herzlich gegrüßt und freundschaftlich umarmt von

    Ihrem Heinar Kipphardt

Der Margarete von uns allen die herzliebsten Grüße und guten Wünsche.

Bis auf die Unterschriftszeile maschinenschriftlich. Original im DLA.

mit *Jasny ... einen Film* – Der Fernsehfilm *Die Stühle des Herrn Szmil* nach Kipphardts frühem Stück (Uraufführung 1961) wurde am 25.3.1979 in der ARD gesendet.

99

27 | II | 78

Lieber Freund,

ich habe lange geschwiegen. Es ging mir schlecht.
Wenn der Walser schon mit 50 eine Panik hat, was soll da Ihr vieux sagen. Vergeben Sie mir. Aber es ist nicht nur, dass einer noch W II gesehen hat, es ist auch die Skala des Maßes, die verpflichtet.
Auf ein gutes Wiedersehen Wiederhören
herzlich Ihr Grieshaber

Handschriftlich. Postkarte eines Wandgemäldes aus Pompeji: La Flora (Neapel, Museo Nazionale). Original im DLA.

13 | V | 78

Lieber Heinar Kipphardt,

Sie haben recht, es sind Dreckskerle im ganzen Land!
In der Akademie der Künste in WB (ich war zum 1x und letzten mal dort) sprechen die Kollegen ein Idiom das es hier gar nicht gibt. Bei der Jury zur Ausstellung der tierärztlichen Akademie in Hannover zum Tier in der Kunst, gab es gar kein Tier. Nur abgenagte Knochen, Skelett und Staffagen. In Recklinghsn bei den Ruhrfestspielen heisst schon das Bild auf dem Umschlag wie vom Grafiker bezeichnet nicht Emigrant sondern Fremdarbeiter.
Dann der Drache von Jewgeni Schwarz. Sie sagt nicht ein russisches Märchen. Sahen nicht, wie 3 Panzerarmeen der Hitlersoldaten vom Schnürboden fielen, 800 Abiturienten begriffen gar nichts. Ob Wolf Seesemann begriff? Ob in Mainz der Gutenbergpreis der Erfinder der Komputer begriff?
Ich weiß nicht!
Beim PEN zeigte Lodemann meinen nackten Arsch – das wenigstens. Ich warte auf den 25., auf Sie, muß über den Dra-Dra einiges wissen. Will schreiben. Aber am 1. Mai in Berlin u Stgt trugen sie mein Plakat durch die Straßen.
Ich drücke und umarme Sie fest. Jetzt ist Pfingsten! Ihr alter Grieshaber

---

Handschriftlich. Original im DLA.

WB – Westberlin.
der Drache ... – Märchenstück gegen die Diktatur von Jewgeni Schwarz (1943, dt. 1962). Es wurde auf den Ruhrfestspielen in Recklinghausen unter der Regie von Wolf Seesemann (*1947) aufgeführt, Grieshaber beschreibt eine Szene, in der sich drei Drachenköpfe aus dem Schnürboden senken; einer von ihnen spuckte Papier. Wolf Biermann schrieb eine freie Bearbeitung des Stücks, Der Dra-Dra. Die große Drachentöterschau in acht Akten mit Musik (1971). Abgedruckt in: W. B.: Nachlaß 1. Köln 1977, S. 146–269.
Beim PEN zeigte Lodemann... – Vom 27. bis 29. April 1978 war Jahresversammlung des PEN in Erlangen. Im Rahmen des Themas «Literatur und Fernsehen» sprach der Romancier, Essayist und langjährige SWF-Fernsehredakteur Jürgen Lodemann (*1936) über seine Sendereihe Literaturmagazin. Um seine These zu untermauern, im Medienzeitalter nutzten literarische Erfolge außerliterarische Umstände, zeigte er ein Doppelporträt Grieshabers und Hannsmanns: «Am Anfang und am Ende des Interviews sprang HAP nackt in seinen Swimmingpool, und zwar mit einem deutlichen Schrei, den Margarete H. dann den ‚Pfauenschrei' nannte» (Brief von Jürgen Lodemann an den Hg., 7.12.2001).

28. Mai 1978

Sie sehen, lieber Freund, die Konkurrenz ist riesig, Jesus schreibt für BILD.
Das Mäppchen mit den Papieren lag im Auto, wo es hingehört.
Was ich nachtragen muß, einen ganzen Bereich unseres Gespräches verstand ich nicht, weil Sie zu scheu waren, mir die Hauptinformation zu geben, jedenfalls setzten Sie zuviel voraus oder ich war blöde. Jetzt hat mir aber die Pia die richtigen Schlüssel geliefert, die Frauen haben aus ihrer langen Untergrundarbeit die überlegenen konspirativen Techniken, und ich bitte wegen meiner Schwerfälligkeit um Ihre Nachsicht. Ich bedanke mich für die schönen Sachen, die ich bei Ihnen sehen durfte, ein Gefühl von Fülle und Lust machte mich selber arbeitslustig, und arbeitsreiche Monate stehen mir bevor. Ich hoffe, es dauert bis zum nächsten Treffen nicht so lange wie letzt.

Herzlich und mit allen guten Wünschen

    Ihr
    Heinar Kipphardt

Beilage:

Heinar Kipphardt für HAP Grieshaber

Tyger in Holytown

England
grau-grüner Vorhang
weidende Schafe im Regen
Männer in Mülldeponien.
Hinauf die Bahndämme wachsen
die Bierbüchsen.
In den Autohalden nistet die Nachtigall.
Tyger, Tyger
du mußt jetzt die Scheiße fressen
von Warren Hastings und
der East-Indian-Company.
An den Flechtgittern der Garküchen
stehen die Bums und warten
daß ihre Jacken trocken werden.
Was sie verteidigen
sind die leeren Bierkisten

auf denen sie stehen
wenn die Müllabfuhr kommt
bis sie von ihr verschluckt werden
im frühen Mai
im frühen, im grau-grünen Mai.

12.5.78

Bis auf Unterschrift und Widmung der Beilage maschinenschriftlich. Briefkopf: DR. HEINAR KIPP-HARDT · 8059 ANGELSBRUCK · POST REICHENKIRCHEN · TELEFON 08762/1829. Original im DLA.

die Hauptinformation – Grieshaber wollte sich von Margarete Hannsmann trennen; die ersten Briefe an ihre Nachfolgerin «Jutta» setzen etwa zwei Wochen vor diesem Brief ein, vgl. HAP Grieshaber: Briefe an Jutta. 1978–1981, Hg. von Margot Fürst unter Mitarbeit von Gerhard Fichtner. Ostfildern 1999. Dort wird Kipphardt in ähnlichem Zusammenhang erwähnt, Grieshaber schreibt: «Du sagst ich würde gute Freunde haben im indirekten Konjunktiv und Du hast recht! Vielleicht schafft Kipphardt das gentlemen-agreement?» (Brief vom 30.6.1979)

102

10 | VII | 78

Lieber Heinar Kipphardt,

wird es etwas mit dem Film? Ich muß dann dem Felsberg vom SWF absagen. Nur die DEFA bleibt dann noch. Ich soll Sie rundum grüßen aus Berlin, von der Akademie usw. ...
Leider bin ich kein Arzt und will mich in das schizothyme Karussell nicht hineinziehen lassen. Leide genug.
Vor mir ist das dunkle Loch in dem Gutenberg versunken ist. Ich muß aufpassen, dass er mir nicht winkt. Mit dem Hass auf die Russen kann ich nicht leben, solange, das was hier als Untermensch noch präsentiert wird, also ein anderer, grundloser Hass, lebt. Eingefroren. Den Originalbrief von Hermlin habe ich mitgebracht. Brauchen Sie ihn?
grand salut für Pia
und Angelsbruck
herzlich Ihr Grieshaber

Handschriftlich. Beilage ohne persönlichen Zusatz Grieshabers und Datierung: Druckeraltärchen. «An alle Jünger Gutenbergs» (WV 78/25–78/27N). Original im DLA.

dem Film ... Felsberg – Georg Felsberg (*1940), damals Fernsehredakteur beim SWF, heute Chefredakteur beim SWR. Sein Porträt *HAP Grieshaber. Fragen zur Zeit – Antworten eines Unabhängigen* wurde 1979 im SWF und in den ARD ausgestrahlt; das erste von drei Interviews für den Film hatte Felsberg im Juni 1978 geführt.

Hamburg, 4. Febr. 79

Der März, lieber Grieshaber, hat es sich nicht nehmen lassen, Ihnen zum Geburtstage ein Glücksgedicht zu machen, obwohl er von Geburtstagen garnichts hält, aber einiges vom Glück. Es möge Ihnen ein Lächeln entlocken. Wir haben ja Kenntnisse in diesen Sachen.
Herzlich
    Ihr
    Heinar Kipphardt

Das Einhorn

Wenn man das Einhorn gesehen hat
in einer Schlucht oder Waldlichtung
(z.B. bei Kleutsch auf dem
Kleutschberg im Winter)
hatte man ausgesorgt
wurden die Wünsche erfüllt
Ballonfahrt und Kuss durch ein Mädchen.
Maria, die Jungfrau, überreicht mir
in Bali die Ananasfrucht.
Leider ich sah bisher niemals ein Einhorn.
stell es mir prächtig vor
mit rotem Schwanz
eine Feuerlohe.
Das Einhorn kommt gerne bei Nacht
trinkt gerne Stutenmilch.
Ich selbst bin ab an ein Einhorn
die Welt ein Ameisenhaufen.

Ihr Kipphardt

Vorlage fehlt. Text nach einer Abschrift im Besitz von Pia Kipphardt. Briefkopf: DR. HEINAR KIPPHARDT · 8059 ANGELSBRUCK · POST REICHENKIRCHEN · TELEFON 08762/1829.

104

13 | III | 79

Lieber Heinar Kipphardt
verehrte Frau Pia,
holen Sie sich keine Grippe mehr, sie hat bei vielen solche Wirkungen ausgelöst. Der Hahn für den Äskulap ist bereits geopfert. Am 28.3. bin ich bei Bruckmann und am 29.3. in der Buchhdlg. Hugendubel Mchn.
    Auf ein gutes Wiedersehen!
    Herzlichst Ihr
    Grieshaber

Handschriftlich. Briefkopf: hap grieshaber, 7410 reutlingen, achalm: Engel für ein Telegramm-Schmuckblatt. (WV 75/4). Offset von mit Deckweiß übermalter Collage nach Holzschnitten: violett, schwarz. Original im DLA.

105

12 | VI | 79

Lieber Heinar Kipphardt,

das mit der Poesia im Verlagswesen ist nur ein Gag gewesen. Fast bin ich ein wenig froh, nun nicht mehr in Auflagen Originale drucken zu können. Trotzdem ein wenig traurig darüber so fern geworden zu sein. Erfinden wir etwas Neues!
Ich male. Versuche mit Aquarellen, das was mir an den Einblattdrucken des XV. Jhdts. gefällt wieder zu gewinnen. Und ich bin wieder verliebt. Und das ist ein Mann nie alt. Sehen wir uns bald? Als der Papst drei ehemaligen KZ-Häftlingen in Auschwitz die Hände küsste, waren wir quitt.
Wo sind die neuen Ufer. Kommen nicht bald Flugschriften?
    Salud
    Euer hap

Handschriftlich. Original im DLA.

Poesia im Verlagswesen – Der Claassen-Verlag musste an die Econ-Gruppe verkauft werden.
das ist ein Mann nie alt – wohl gemeint: dazu ist ein Mann nie zu alt.

22 | VII | 79

Lieber Heinar Kipphardt,

wiedergesehen und noch im Gedächtnis die «Soldaten». Haben mich an die SS erinnert. Waren böse. Wie beschämend dagegen «Operation Walküre» vorgestern. Ja mehr als vorgestern! Das gab es selbst in den 20er Jahren nicht: so unverfroren. Ich muß es ausspucken! Erinnere mich noch an eine Beerdigung, etwa 1927, mit Husarenuniform und Pickelhaube. Am Straßenrand die Arbeiter grinsend sich auf die Schenkel schlagend: «Die Motten kommen heraus.» Einer kniete nieder, tut als würde er das Kreuz schlagen und stellte sich fantastisch an, aus purem Hohn. Kopfschütteln und lautes Lachen die Straße zum Friedhof entlang.

II

Und heute? Also da ist ihnen der 20. Juli doch noch gelungen! Die Übriggebliebenen stehen wieder auf. Ein wenig klapprig auch, das bessere Herren und Damens, vergreiste Kommisköpfe gediegen mit den alten Orten gefilmt. Weste, verlogenes Grauhaar und Schloß. Ganz legitime Elite und Joachim Fest von der FAZ sind dabei. Allen die Kamera nah ins Gesicht gehalten und mit dem Namen ausgeleuchtet, den Achtgroschenjungen genau so wie Speer + General. Sanft schliefen die Toten mit der Stimme des Führers. Da half kein einmontierter Freislerfilm (ach der Leiter der Filmer von Goebbels kam auch gleich richtig heraus). Ich sah den Freislerfilm 1946 bei Josef Hegner die Amis führten einigen Gästen den Film ganz vor, in Augsburg glaube ich. Ich staunte damals. Und nun sind sie alle echtes Material, so weit ist es schon! Da lob ich mir den konservativen

III

Arnold Gehlen, der das eine «reich informierte Weltfremdheit» genannt hat. Es war unwidersprochen «die verführerische Vision eines Deutschen Reiches mittelalterlichen Umgangs und preussisch-konservativer Prägung.» Da sind wir also angekommen mit Hilfe französischer Schlösser. Eine feine BRD schon viel mehr und viel weiter als Strauß. Ich habe eine Stinkwut, muß wenigstens einen haben (Sie mein Lieber) als Klagemauer und Partner. Mon Dieu wie fein gesponnen diese «Operation Walküre», brauchen kundig vom Kameramann geführte Männer. Wie da alles glänzt und neu ist, Uniformen, die roten Streifen der Generalstäbler, diese Schickeria aus Feldgrau, Orden und Sektfrühstück in gestohlenem Gelände. Wo ist das Publikum von 1927 geblieben? Im KZ! Im Eis

Rußlands, und in der Wüste Afrikas. Was sagt Dahrendorf dazu, der weiß «daß Hitler die Deutschen in die Modernität gestossen hat»??????

IV

Vielleicht gelingt es Ihnen Margaretes Bericht wieder zu dieser Tatsache zurückzuführen. Ich bitte Sie darum! Die Arme ist jetzt durch den Tod der Mutter, Großmutter von 8 Enkeln geworden und muß die Wahrheit ertragen! Mir ist viel zu schlecht, die Spanne zwischen Fantasie und Realität ist für mich gar nicht mehr ertragbar. Ich bin jederzeit bereit in Ohnmacht zu fallen: hüben, wie drüben.
Der Kunst (Form) verschrieben, Sie wissen es, brauche ich in dieser Barbarei und Lüge, die sich schon etabliert hat, einen Menschen, Freund, Copain, der auch das tut, was uns nie gedankt wird. Ich meine nicht das Pathos: «wir sind vom Sturm» oder «Revolutionäre sind Tote auf dieser Erde», ich muß es kleiner haben. Ein Weinchen zusammen, einen Mond der untergeht, Herr Hauptmann, ein billiger aber wahrer Mond bevor die amerikanischen Flugplätze mit mir hier eine unsinnige Atomfahrt machen
herzlichst Ihr treuer hap
viele liebe Grüße für Pia!!!

Handschriftlich. Original im DLA.

Soldaten – Heinar Kipphardt hat Jakob Michael Reinhold Lenz' Komödie (Erstdruck 1776) bearbeitet. Peter Beauvais führte bei dem Fernsehfilm nach Kipphardts Fassung (Uraufführung 1968) Regie; Erstsendung im Juli 1977.
«*Operation Walküre*» – Zweiteiliges Dokumentarspiel über das Hitler-Attentat am 20. Juli 1944, Regie: Franz Peter Wirth, Buch: Helmut Pigge (1970).
Hegner – gemeint wohl Jakob Hegner (1882–1962), Verleger und Übersetzer.
Gehlen – Grieshaber korrespondierte längere Zeit mit dem Philosophen und Soziologen Arnold Gehlen (1904–1976), wie er überhaupt gern mit politischen Gegnern diskutierte.
Margaretes Bericht – Kipphardt hat Teile des Manuskripts von Margarete Hannsmanns autobiographischem Buch *Der helle Tag bricht an. Ein Kind wird Nazi* gelesen und ihr z. T. weitgehende redaktionelle Vorschläge gemacht; das Buch erschien 1982.

107

14. Sept. 79

Lieber HAP Grieshaber,
guter Freund,
ich habe lange nichts von mir hören lassen, ich bin schon lange in den Abschluss des Stückes verwickelt, und es ist noch nicht fertig, hat in der Länge schon Peer Gynt-Ausmasse. Das rettende Ufer ist aber in Sicht.

Ich denke oft an Sie, habe Sehnsucht nach Ihnen und gebe dieses
Rauchzeichen.
     Ihr
Heinar Kipphardt

Beilage:

Kipphardt

März, Gedichte

Der Golem
Wenn der Golem zu groß geworden ist ihm
den Kopf abzuschlagen
mit seinem W an der Stirn
Wahrheit
Wissenschaft
Wahnsinn
muss man den G. höflich bitten
sich bitte höflich zu bücken
indem man ins Ohr ihm was flüstert
wegwischt das W und
den Kopf.

Mit der Arbeit am Stück hat der März seine Dichtungen fortgeführt,
man kann ihn ja nicht so ernst nehmen, wie Sie wissen.
Seien Sie fest umarmt
     Ihr H. K.

Bis auf das Gedicht der Beilage handschriftlich. Briefkopf: DR. HEINAR KIPPHARDT · 8059 ANGELSBRUCK · POST REICHENKIRCHEN · TELEFON 08762/1829. Original im DLA.

Abschluss des Stückes – März, ein Künstlerleben entstand 1979.

108

3 | VIII | 80

Lieber Kipphardt

Grauwerte zu blamieren, damit fängt der vieux wieder an. Wenigstens
dem Verleger in Leipzig sagen, was Gutenberg gemeint hat.
Wie Sie sehen ist die Lust immer noch groß.

Auf ein gutes Weinchen zusammen mit vielen Grüßen an Frau Pia
   herzlich
   Ihr Grieshaber

Handschriftlich. Original im DLA.

Verleger – Grieshaber hat für Hans Marquardt zu dessen 60. Geburtstag ein Heft mit elf z. T. erotischen Bleistiftzeichnungen gedruckt; o. T., o. O. 1980 (Privatdruck).

109

Samstag 16. Aug. 80

Lieber HAP Grieshaber,

Ihre schönen grauen Blätter betrachte ich nachdenklich. Der Welt und der Liebe ist doch ein bisschen die Farbe entzogen und die Bestimmtheit dazu. Ich fühle mich aufgefordert zu arbeiten, das wirkliche Blatt in meinem Kopf herzustellen. Das hat auch seinen Reiz, natürlich auch den des Dürftigen, des Unentzifferbaren, zur Skizze – Reduzierten.
Mit dem Grau ist das ja so eine Sache. Zunächst ist es in der Sprache fast nur negativ besetzt, mit dem Alter, dem Absterben, dem Unscheinbaren verbunden, dann aber auch mit der Abstraktion, der Wissenschaft, der Kritik auch möglicherweise. Der ‹Greis› ist wohl wurzelverwandt mit gris – griseus mlt., aber der Graus kommt nicht vom Grau, auch nicht das Grausen, grausam etc., wie ich mich etymologisch vergewissert habe. Bertolt Brecht hatte eine grosse Neigung fast nur die Grauwerte oder Erdfarbenähnliches zuzulassen, Sepia und Schwarz natürlich. Viele seiner Schüler waren lange Zeit davon beeindruckt, aber das hatte mit Skepsis, mit Vorsicht, mit Nachkrieg wohl auch, manches zu tun, es geriet später zu einer Manier, verkam in einer Mode.
Natürlich müssen wir uns in die vielen technischen Möglichkeiten verwickeln lassen, natürlich müssen wir ihnen die freundlichen Aspekte abzwingen, die produktiven, auch wenn sie uns nur von der Profit-Seite anschielen. (Es scheint in unserer kapitalistisch-puritanisch bestimmten Leistungskultur das Natürlichste von der Welt, und jeder andere Aspekt wird dabei in der Anfangsphase nebensächlich, aber ich bin sicher, dass wir unsere Scheiben vom Brot kräftig säbeln müssen, dass wir unsere Art finden müssen, die Sache für uns brauchbar zu machen.)
Ich versuche, Sie auf Ihrem Wege zu ermutigen, es sind ja auch schon jetzt berauschende Aspekte in den neuen Erfindungen, die abscheulichen nicht vergessen (!). Ich freue mich, bald mal darüber zu reden, und ich würde zu gerne auch die Ausgangsblätter zum Vergleiche sehen.

Ich war eine Woche auf den Proben in Düsseldorf und fahre um den 10. Sept. wieder hin. Die Premiere soll am 11. Okt. sein, ich vermute aber, wir werden ein bisschen verschieben.
Wann soll denn das Weinchen kalt gestellt werden?
Gute Wünsche auch von der Pia und eine herzliche Umarmung

Ihr Heinar Kipphardt

Handschriftlich. Briefkopf: DR. HEINAR KIPPHARDT · 8059 ANGELSBRUCK · POST REICHEN-KIRCHEN · TELEFON 08762/1829. Original im DLA.

grauen Blätter – vgl. Kommentar zu Brief **108**.
Proben in Düsseldorf – Die Uraufführung von *März, ein Künstlerleben* fand am 16. Oktober 1980 am Düsseldorfer Schauspielhaus statt.

110

23 | X | 80

Lieber Kipphardt,
gratuliere zur Premiere! Der Welt mag die Farbe entzogen sein, aber auch die Grauwerte haben es in sich.
Viele Grüße an Frau Pia
herzlichst
Ihr Grieshaber

Handschriftlich auf Pergamentpapier, darin eingepackt: HAP Grieshaber: Osterritt. Stuttgart 1980. Mit Widmung: «ich bin wirklich geritten».

111

24. Okt. 80

Lieber HAP Grieshaber,

ich bedanke mich für die 51 Zeichnungen, die mich noch beschäftigen. Am besten gefallen mir (vielleicht) die drei aufeinander folgenden Zeichnungen auf den Seiten 59, 61, 63, sie drücken die Sache humorvoll aus. Das trifft übrigens auf viele Zeichnungen zu, die leichte Ironie, es scheint, bekommt der Liebe; jedenfalls ihrer Darstellung.
Partien der vorausgestellten Briefe beunruhigen mich. Ich habe nach der Premiere jetzt mehr Zeit und würde Sie (da Nichtschwabe – wenn auch noch nicht farbig) gern besuchen. Wann passt es Ihnen? Ich kämpfe mich gerade in eine neue Arbeit hinein.

«Muss der Mensch arbeiten?» wird März im Stück gefragt und er antwortet, «Muss, muss, muss.» Aber er mochte nie gerne müssen. Ich auch nicht, aber ich halte mich sowenig daran wie Sie.
Herzlich Ihr alter

    Heinar Kipphardt

Handschriftlich. Briefkopf: DR. HEINAR KIPPHARDT · 8059 ANGELSBRUCK · POST REICHENKIRCHEN · TELEFON 08762/1829. Original im DLA.

die 51 Zeichnungen – Rolf Schmücking (Hg.): 51 Zeichnungen von HAP Grieshaber 1980. Braunschweig 1980.
neue Arbeit – Kipphardts letztes Stück Bruder Eichmann (Uraufführung am Münchner Residenztheater, 21. Januar 1983).

Zur Edition, Siglen

Jede Edition sei Interpretation, heißt es bei einem der philologischen Gründerväter der Disziplin, und das gilt nicht nur für Hölderlin-Gedichte. Auch in einem vergleichsweise einfach zu edierenden Briefwechsel sind textkritische Eingriffe unvermeidlich, soll es sich um eine Ausgabe handeln, die wissenschaftlichen Ansprüchen wie denen der Leser gleichermaßen genügt.

Dieser Band enthält die vollständige erhaltene Korrespondenz zwischen HAP Grieshaber und Heinar Kipphardt. Grieshabers Illustrationen wurden nicht abgedruckt, soweit es sich um andernorts veröffentlichte Holzschnitte oder aufgeklebtes Bildmaterial anderer Herkunft handelt. Seine originalen Aquarelle und Zeichnungen konnten bis auf wenige Ausnahmen faksimiliert werden, übermalte Holzschnitte wurden in einer exemplarischen Auswahl aufgenommen. Die Anordnung der Briefe folgt der Chronologie; die Position der wenigen undatierten Briefe konnte großenteils über den Inhalt rekonstruiert werden.

Offensichtliche Tipp- und Schreibfehler wurden stillschweigend verbessert, Eigenheiten in Zeichensetzung und Rechtschreibung beibehalten, auch wechselnde Groß- und Kleinschreibung. Unterstreichungen in den Originalen sind im Druck durch Kursivierungen ersetzt. Seiten- und Blattwechsel innerhalb eines Briefs wurden nur verzeichnet, soweit sie von den Verfassern selbst vorgenommen wurden.

Die Korrespondenz wurde durchnumeriert und mit zwei kommentierenden Abschnitten versehen. Der erste unterscheidet, ob die Druckvorlagen in Maschinen- oder Handschrift verfasst wurden, notiert erschlossene Datierungen und Briefköpfe, beschreibt nicht abgedruckte Illustrationen und Beilagen Grieshabers, verweist auf die faksimilierten Briefe und nennt gegebenenfalls die Werkverzeichnis-Nummern, ebenso den derzeitigen Aufbewahrungsort der Briefe. Der zweite Abschnitt liefert den eigentlichen Kommentar: Wort- und Sacherklärungen, Erläuterungen zu Personen, Zitat- und Anspielungsnachweise. Interpretierende Anmerkungen wurden vermieden, soweit möglich. Zu bildenden Künstlern und Autoren eines gewissen Bekanntheitsgrads wurden nur Kommentarzeilen geliefert, wenn persönliche Verbindungen zu einem der Briefpartner nennenswert sind; den Lesern werden also keine Erläuterungen über z. B. Dubuffet, Miró oder Enzensberger zugemutet. Biographica wurden benannt, soweit sie noch zu eruieren waren; nicht jede Anspielung konnte aufgelöst werden.

Die meisten Briefe sind Erstdrucke. Ausnahmen sind zum einen die Briefe Grieshabers, die mit kleinen Veränderungen in den *Engel der Psychiatrie* eingeflossen sind (29.3.1976, 1.4.1976, 22.5.1976). Zum anderen hat Kipphardt einige Briefe in dem Band *Schnittlinien. Für Hap Grieshaber*, herausgegeben von Wolfgang Rothe (Düsseldorf 1979), abdrucken lassen: seine Briefe vom 2.1.1976 (ohne die März-Anhänge), 5.4.1976, 24.4.1976,

11.8.1976 und ein undatiertes Schreiben, in der vorliegenden Ausgabe Nr. 33. Im Nachlassband der Kipphardt-Werkausgabe *Ruckediguh, Blut ist im Schuh. Essays, Briefe, Entwürfe Band 2: 1964 – 1982*, herausgegeben von Uwe Naumann unter Mitarbeit von Pia Kipphardt (Reinbek bei Hamburg 1989), ist Kipphardts Brief vom 8.12.1975 erstmals veröffentlicht worden.

Der Kommentar verwendet drei *Siglen*:
DLA Deutsches Literaturarchiv in Marbach/Neckar.
UP Heinar Kipphardt: Umgang mit Paradiesen. Gesammelte Gedichte. Gesammelte Werke in Einzelausgaben, Hg. Uwe Naumann unter Mitarbeit von Pia Kipphardt. Reinbek bei Hamburg 1990.
WV Margot Fürst: Grieshaber. Die Druckgraphik. Werkverzeichnis Band 1. 1932 – 1965. Einleitung Rudolf Mayer. Stuttgart 1986. Margot Fürst: Grieshaber. Die Druckgraphik. Werkverzeichnis Band 2. 1966 – 1981. Einleitung Heinz Spielmann. Stuttgart 1984.

Anhang

Engel der Psychiatrie

Es gibt ein Bild von Klee, das Angelus Novus heißt.
Ein Engel ist darauf dargestellt, der aussieht, als
wäre er im Begriff, sich von etwas zu entfernen, worauf er starrt. Seine Augen sind aufgerissen, sein
Mund steht offen, und seine Flügel sind ausgespannt. Der Engel der Geschichte muß so aussehen.
Er hat das Antlitz der Vergangenheit zugewendet.
Wo eine Kette von Begebenheiten vor uns erscheint,
da sieht er eine einzige Katastrophe, die unablässig
Trümmer auf Trümmer häuft und sie ihm vor die
Füße schleudert. Er möchte wohl verweilen, die
Toten wecken und das Zerschlagene zusammenfügen. Aber ein Sturm weht vom Paradiese her, der
sich in seinen Flügeln verfangen hat und so stark
ist, daß der Engel sie nicht mehr schließen kann.
Dieser Sturm treibt ihn unaufhaltsam in die Zukunft,
der er den Rücken kehrt, während der Trümmerhaufen vor ihm zum Himmel wächst. Das, was wir
den Fortschritt nennen, ist dieser Sturm

                                      Walter Benjamin

Der Engel der Geschichte 23 herausgegeben von hap grieshaber
im Claassen Verlag, Texte Heinar Kipphardt. März, Gedichte Seite 6, das weiße
Wiesel, der schwarze Radfahrer, wenn ich einen Fisch esse, das Wasser,
Drais, Haus, hausen, Hausboot
Seite 8, der Vater, die Mutter, die Familie, das Kind, der Vater ist, durch das
Auge kannst Du, das Glück
Seite 10, das Netz, was kostet Alexander, hell lesen wir am Nebelhimmel,
ich schäle mich in ein dauerndes Nichts, wer hier ist, ist nicht dort,
das Leben, der Winter, an der Quelle saß der Knabe
Seite 12, das Schweigen, die Uhr, Auge, faß! weiß oder grau, der Schnee, der Tod
Seite 14, das Lieben, was möchte Alexander, das Blut scheint zuweilen rot,
das Leben ist schön, der Tod ist

Mit 4 Farbholzschnitten und 3 Schwarz-weiß Holzschnitten alle vom
Stock gedruckt.

Das Flugblatt für den Engel der Psychiatrie wiederholt in verschlüsselter
zerstörter Form die Figuren des Engels. Den Text schrieb Heinar Kipphardt.

Die Gedichte sind in Zusammenhang mit meinem Roman MÄRZ,
Autoren Edition, Bertelsmann, entstanden.
Für die Gedichte empfing ich wichtige Anregungen aus psychopathologischen
Texten, die der Psychiater Leo Navratil veröffentlicht hat. Dabei
beeindruckten mich besonders die Gedichte des kranken Dichters Herbrich
(Pseudonym). Einige dieser Patiententexte wurden von mir, und meist
sehr frei, benutzt.   Heinar Kipphardt, 8059 Angelsbruck

Copyright © by Claassen Verlag Düsseldorf; alle Rechte an den Schnitten
verbleiben beim Künstler. Die Gesamtherstellung besorgte die Buchdruckerei
Wilhelm Röck in Weinsberg. Printed in the Federal Republic of Germany
1976 - ISBN 3 546 43477 1

Lieber Heinar Kipphardt,
ich möchte mich zu Ihnen in den Schnee neben März
legen mit meiner Unterschrift. Wozu der vieux
nicht lateinisch mitzureden braucht. Es genügen einige
Bilder von mir, die Sie neben sich stellen...
Ich weiß, wer etwas von Kinderzeichnungen versteht,
der kann Kindern gegenüber nur einen Schutzmann
machen, um sie zum Malen zu bringen. Ruhe,
wascht die Hände, nimm gefälligst sauberes Wasser,
abgeben etc. Wer das Anderssein erkennt, ist schon
dafür verdorben. Die Bilder einmal verbraucht
d. h. Illusionen erkannt, sind nicht wiederzubringen.
Wir segnen alles, wir dichten uns was an, nur um
uns unterzubringen, wie manche Ärzte dem
Schizo das Abi. Drinnen ist es dann auch nicht anders
wie draußen. Die Diagnose hat immer noch den
schlechten Ruf oder besser gesagt Brandgeruch, davon
möchte ich sie etwas befreien. Auch der Künstler
will nicht zuvörderst Vollkommenheit sondern
das Neue. Vielleicht haben beide das gemeinsam, die
Psychiatrie und die Kunst von heute, sie werden
dem Menschen nicht mehr gerecht. Da wird mit dem
Numinosen, dem Edelschauder viel Schindluder
getrieben. Spuken sollen die Bilder nicht spucken!
Wenn ich schneide bin ich auch entrückt, jedoch nicht
verrückt. Meine Bilder sind nicht "das Verrückte"!
("wichtig für das Reichsinnenministerium, das
sich damit mit der Frage zu beschäftigen hätte,
wenigstens eine Vererbung derartig grauenhafter Sehstörungen zu unterbinden." A. H. zur Eröffnung
des Hauses der Deutschen Kunst in Mchn.) Sie haben
sterilisiert!!! Une belle anomalie zu machen ist
eine Eigentümlichkeit, die das Individuum eben hat.
Ich denke meine eigene lebensgeschichtliche
Entwicklung, ihr Mittelstück – müßte ablesbar machen,
was damals relativiert worden ist: sie gaben ihnen
den kleinen Finger und es war die ganze Hand. Alles
war inhuman, weil es das Ganze des Menschen
aus den Augen verloren hat.

•
während der Raub- und Mordjahre waren ja fast alle
nicht bei Troste. Schlimm waren auch die Feste!
Weihnachten. Eines ist mir unvergessen und einer, der
sich den letzten Freimaurer nannte, ihn traf ich
auf der Post. Dort gab er ein Telegramm auf: "Führer
kehre zurück, Geburtsstätte Christi entdeckt.
Unterschrift: Pochalski." Wir nahmen ein Schmucktelegramm. Als der Beamte zögerte, sagte ich rasch:
"Wo der Führer für uns sein Blut gibt." Viele Grüße
vom "Engel der Psychiatrie."

PS. in diesen Jahren war ich meist auf der Post um vor
den Schaltern das heruntergefallene Kleingeld
einzusammeln. Davon lebte ich u. a. Wer bückte
sich damals schon nach dem verlorenen Pfennig?!
Kurz vor Kriegsausbruch gar nicht mehr nach
einer halben Mark!

•
Ihr vieux kann nicht vergessen, wie es in den
Seminaren der psychiatrischen Kliniken unter den
Nazis zugegangen ist. Haben Sie davon
gehört, daß auch nur eine Universität von dem was
damals die Dekane und Magnifizienzen gesagt
haben, sich distanzierte? Nichts haben wir gehört!
Immer noch denke ich an die arme Frau, die uns
wegen ihres Stupors 1938 vorgeführt wurde.
Den rechten Arm starr in der Luft. Sie konnte ihn nicht
herunterbringen. Und keiner hats gemerkt.   hapg

Die Geisteskranken sind die Neger unter den Kranken,
die Itakas und Kameltreiber. Wie diese sind sie
die Opfer von Vorurteilen, die mit der Wirklichkeit
des Wahnsinns nichts zu tun haben. Die Irren gelten als
gefährlich, aggressiv, herausfordernd, unberechenbar,
heimtückisch, hemmungslos, gewalttätig und
unheilbar. Deshalb muß man sie an abgelegene Orte
bringen, wo sie unter Kontrolle sind, niemanden
gefährden, öffentliches Ärgernis nicht erregen.
Die Aufgabe der Anstalt ist folgerichtig die Aufsicht
über den Kranken, nicht die Beschäftigung mit
ihm und seinen Problemen. Allein das Etikett des Irre-
seins bewahrt davor, sich in seine Fragen ein-
zulassen. Die Behandlung hat zum Ziele, das vermeint-
liche oder tatsächliche Störpotential des Kranken
herabzusetzen und ihn dazu zu bringen, die Anstalt zu
akzeptieren. Das Leben in der Anstalt bringt den
Kranken in einen Zustand von Apathie, Desinteresse
und Passivität, der die ursprüngliche Störung
überlagert und den Weg zur Person des Kranken und
seiner Heilung vollständig blockiert. Der Zweck
der Anstalt, Aufsicht und Verwahrung, zeigt sich schon
in deren Architektur.
Der perfekte Patient ist der ganz und gar gezähmte
Patient, der sich der Autorität der Pfleger und
des Arztes unterwürfig anpaßt, dem Deformations-
prozeß des Anstaltslebens zustimmt und jede
Auflehnung für einen Ausdruck seiner Krankheit hält.
Durch diesen Verlauf sieht der Psychiater seine
ursprüngliche Annahme bestätigt, daß es sich bei der
unverständlichen psychotischen Störung um eine
biologische Abartigkeit handelt, die man nicht heilen,
sondern nur isolieren kann.
Das ist die Konkurssituation der gewöhnlichen
Anstaltspsychiatrie. Wenn man sie aufheben soll, muß
man sich dem Kranken als einem Menschen nähern,
den man verstehen will, den man als Partner
respektiert, der einem wahrscheinlich mehr zu sagen
hat als die angepaßte Majorität.
Die psychisch Kranken scheinen die Irrläufer zu sein,
die an irgendeinem Punkt ihrer Kindheit oder
Jugend aus dem normalen Prozeß der Herstellung
des asketischen, aber produzierenden Sklaven,
der unser Erziehungsideal ist, herausgeschleudert
wurden. Irgendwann waren sie dem Druck der
Erziehungsapparaturen nicht gewachsen und erlitten
nicht regulierbare Schäden, wurden die Besonderheit,
die Ausnahme von der Regel. In unserer Kultur
ist es die Aufgabe der Psychiatrie, die Irrläufer der
Produktion zurückzugeben, ohne das Produktionsziel
zu untersuchen. Der Psychiater macht aus der
Besonderheit den Fall, aus der Abweichung die
Beschädigung verschiedener Grade. Lack- und leichte
Formschäden werden versuchsweise behoben und
dem Produktionsfluß zurückgegeben. Kernschäden
werden aussortiert, Rehabilitation und Verwahrung.
Niemand ist heute so weit, die Schizophrenie unmittelbar aus der familiären oder sozialen Situation
abzuleiten. Was wir tun können, ist, die familiäre
oder soziale Umwelt der Schizophrenen genau zu
beschreiben bis wir die Teile in einem sinnvollen
Zusammenhang bringen können. Wir suchen für das
ganz außergewöhnliche Bild der Schizophrenie
ganz außergewöhnliche Erlebnisse, es scheint aber, es
genügen die ganz gewöhnlichen Schrecknisse mit
denen wir alle nur mühsam fertig werden. Der
Schizophrene ist ein Leidensgefährte. Er leidet an einem
Reichtum inneren Lebens, und er möchte sein,
was er wirklich ist.

Das weiße Wiesel
Das weiße Wiesel (Hermlin) hat eine schwarze Schwanzspitze
Warum?
Weil es zurückfinden muß
zu seiner Sommerfarbe
Hellbraun.
Am liebsten allerdings
wäre es grün.
Da säß es im Grünen
und schaute
vorwiegend fidel.
Hellbraun ist nicht so gemütlich.

Der schwarze Radfahrer, ich
krebste im Glatteis die Straße

Wenn ich einen Fisch esse
Karpfen besonders
denke ich meist bewundernd
dieser sprach nie
dieser genüßliche Mund
suchte den Schlamm ab und schwieg

Drais,
der Erfinder des Kreises
begegnet mir jeden Abend fünf Uhr
mit der Zeitung.
Der Erfinder des Quadrats
erstaunlicherweise
ist ein Schlittschuhläufer.
Warum?
Er liebt die Schwierigkeit.

Das Wasser
Am Ufer muß das Wasser rauschen
Der Busch erinnert sich
an Wehren und Wasserfällen.
Ein Busch ist ein günstiges Versteck
für Sittlichkeitsdelikte.

haus, hausen, hausbrot
Im Haus hausen die Häusler
verteilen manchmal das Hausbrot
aber schön hart ist das auch.

MÄRZ, Gedichte

Der Vater
Der Vater ist viereckig
und raucht
Ernte 23.
Am Sonntag im Bett
zieht er den Kindern gern
schnurgerade Scheitel.

Die Mutter
Die Mutter ist eine Milch
eine schöne warme.
Aber in der man ertrinkt.

Die Familie
Wenn es Sommer ist
und schön warm
macht die glücklichere Familie
einen Ausflug in den Zoo nach Groß-Breslau.
Sie sehen die Raubtierfütterung
und andere Lustbarkeiten
z. B. das Gnu.
Im Aquarium sehen sie
den elektrischen Fisch (Rochen).
Der sieht sie auch.
So stecken sie in der Falle.

Das Kind
Das Kind wird unter Aufsicht der Eltern
geboren und kommt in eine Anstalt, wo es
sich an die Ordnung gewöhnen soll.

Der Vater
Der Vater ist das oberste Mitglied der Familie,
der Täglichbrotversorger.
Weiland geht er in die Fabrik arbeiten.
Von dem Geld kann die Mutter
einkaufen gehen. Der Sohn wartet zu Hause
bis der Kauf gelungen
ist. Der Vater war früher der Sohn.
Als er eingerückt und die Erlebnisse fürs Kind
gemacht hatte, war er ziemlich fertig.
Dann spielte er Fußball beim FC Wacker 05.
Und knapp darauf kam ich.

Durch das Auge kannst du
verschiedene Vergnügungen sehn
es ist ein Pleasure.
Manchmal tropft es leicht,
manchmal weint der Mensch,
es wird wieder gut.

Das Glück
Der das Glück hat kann leben.
Das geht nicht schwer.
Es rollt der Koloß allein
im Frühling und nährt sich.
von Aas. (Vergangenheit)

MÄRZ, Gedichte

Was kostet Alexander?
Zum Frühstück 2 Scheiben Brot
Butter und Marmelade
sowie Kaffee
macht 40 Pfennig (höchstens)
zum Mittag, je nach Wochentag,
muß man heute schon einsfünfzig
für ihn anlegen
am Abend, wenn es Gelbwurst gibt
+ Käseecken
schon mal noch eine Mark
plus Pfefferminztee.
Für das Bett berechne ich pro Nacht
aber
aber allerhöchstens
eine Mark 95 im Schlußverkauf
und verlange Ruhe sowie
viel schnelleren Zeitumlauf
(mindestens 2½ fach).

Das Netz
Das Netz ist überall
Gitternetz
Network
aber gleichwohl nicht der Fisch
sprottig und manchmal auch glitschig
schwimmt er der Netzhaut entlang
ins Grüne.

Hell lesen wir am Nebelhimmel
wie dick die Wintertage sind.

Langsames Leben ist lang.

Wer hier ist, ist nicht dort.--
Schnee, Schneehöhle, Schneehölle --
weiß, weißbleierne Eier
im Stock
Die Höhle in Virginia.

Ich schäle mich in ein dauerndes Nichts.
Alexander ist ein schmerzhaftes Phantomgefühl.

Das Leben
Das Leben ist überraschend
und manchmal denkt man etwas klein.

Der Winter
Der Winter hat vielerlei Ansichten.
Im Winter liebe ich ein Ordnungsgefühl.

An der Quelle saß der Knabe
das Wasser mit Buchstaben zu versehen
aber es las sich kein Wort

Das Schweigen
Wenn das Reden überflüssig geworden ist,
ist es nicht schwer zu schweigen.
Schwerer ist es schon auch
ganz in Gedanken zu schweigen,
doch mit der Zeit
kommt Zeit, kommt Rat.
Das Schwere am Schweigen,
hat man es einmal heraus, ist
das Aufhören. Wozu das Schweigen brechen?
War nicht das Schweigen das Ziel,
worauf man sich hier in Lohberg
allseits hat einigen können?

Die Uhr
Sehr schön sieht man auf die Uhr
Zifferblatt, Zeiger und Sekundenzeiger
damit die Zeit vergeht,
aber sie vergeht sehr schlecht
ach, lange dauert die Zeit.

Auge, faß! weiß oder grau
ist nur zum Sehn da,
doch ist es zu.

Der Schnee
Der Schnee ist weiß
und weich ist der Schnee
unter dem Schnee möchte ich liegen
und schaun

Der Tod
Der Tod ist
Der Tod ist allüberall
Der Tod ist sumpfgrün und kotbraun
Der Tod ist ein Freund der Akten
Der Tod vor allem sind wir.

Das Lieben
Das Lieben ist schön
Schöner als das Singen
Das Lieben hat zwei Personen
Das ist beim Lieben der Kummer

Was möchte Alexander?
Ein Bein im Tangoschritt
zwischen zwei schönen Beinen
(der Tango Jesu genannt)
Was möchte Alexander noch?
Keinen Blumenkohl.
Aber die singende Säge sein
der strahlenden Fundamente
Futschikato,
die japanische Seerose
ahoi schönes Mädel.

Das Blut zuweilen scheint rot
der Fische sowohl wie der Hühner
tiefrot ist der Hahnenkamm
über dem Auge aus Eis
o schon gerupft ist der Hals.

Das Leben ist schön
schon so schön als das Leben.
Das Leben ist sehr schön
das lernen wir.
Wie schön ist das Leben (juhu!)

Der Tod ist
Der Tod ist allüberall
jedoch am liebsten daheim
Freund Hein ist ein Do ist yourself
Der Tod ist ein Allesverwandler
Verwandelt die Welt in Papier
Der Tod vor allem sind wir

Das Abweichende ist das Böse. Was alle glauben, wird nicht Wahn genannt.

Die Schizophrenie ist nicht nur ein Defekt. Es scheint im psychotischen Verhalten vieler Kranker ein unerkannter Wert versteckt, ein menschlicher Entwurf anderer Art. Jede wirkliche Entdeckung hat den abweichenden Blick zur Voraussetzung.

Das Problem der Wahrheit, das Problem des Wahnsinns und das Problem der Revolution sind ein und dasselbe Problem.

Eine Gesellschaft, die massenhaft psychisches Elend produziert, muß bekämpft werden.

Ein Aufsatz des kranken März:
Der Wahnsinn bricht aus.

Der Wahnsinn bricht aus, heißt es gern, hieß es auch oft bei mir, ein Ausbruch von Wahnsinn, steht, wo es geht, in der Zeitung. Wo, wenn der Wahnsinn bei mir ausbricht, hat er in mir gesteckt? In welchem Teil? Wie ist er so unbemerkt hineingekommen, in welcher getarnten Gestalt? Da er in nahezu jedem jederzeit ausbrechen kann, muß er in jedem auch stecken nahezu und ausbrechen wollen. Nun aber wo? Gründliche Studien haben mir die Gewißheit gebracht: Der Wahnsinn lauert auf dem Grunde des Verstandes auf seinen Ausbruch und ist dem Verstande geheuer. Im Wahnsinn steckt Verstand (Methode). Verstand ist geregelter Wahnsinn, Wahnsinn ist entregelter Verstand. Er spricht dann die Hieroglyphensprache, das ist die innere Sprache, die Kamelattasprache der Kunsteisfabrik. (Mensch) Wahrscheinlich ist der Wahnsinn etwas, das nicht zum Vorschein kommen darf, keinesfalls aus seiner Gefangenschaft ausbrechen, weil er die Ruhe stört in Haus, Hof und Wohngemeinschaft. Vielleicht wäre es besser, wenn er öfter mal still zum Vorschein käme und hieße eventuell Phantasie. Auch Phantasie allerdings ist etwas sehr störendes, z. B., in Büro und Fabrik. Man spricht auch von göttlichem Wahnsinn. Allerdings nicht in Lohberg. Hier bin ich von Wahnsinn geschlagen.

Was ist normal?

Ein normaler Mensch tut lebenslang nicht was er will.
So stark genießt er die Pflicht. Je besser es ihm
gelingt, nicht er selber zu sein, desto mehr bekommt er.
Mit 65 wird der normale Mensch pensioniert
(auf Antrag mit 63). Jetzt hat er Zeit für sich, doch
hat er sich leider vergessen.

                                            Heinar Kipphardt

Flugblatt zum Engel der Psychiatrie Nr. 23

In der Bundesrepublik Deutschland gibt es gegenwärtig etwa
600 000 Kranke des schizophrenen Formenkreises, mehr als 1 Million
Alkoholiker, 7 Millionen behandlungsbedürftige Neurotiker.
Wegen psychischer Erkrankungen werden jährlich 200 000 Bundesbürger
in 130 spezielle Kliniken eingewiesen. 59 Prozent bleiben länger als 2 Jahre,
31 Prozent sogar länger als 10 Jahre in einem Fachkrankenhaus.
In 59 Psychiatrischen Landeskrankenhäusern (PLK) gibt es an
100 000 Betten. Ein fachlich ausgebildeter Arzt hat dort in der Regel etwa
200 Patienten zu versorgen.
Fast 70 Prozent der Betten in einem Psychiatrischen Landeskrankenhaus
sind mit sogenannten Langzeitpatienten belegt. Von den Langzeitpatienten sind 20 Prozent schon länger als 18 Jahre und weitere 30 Prozent
länger als acht Jahre in der Anstalt.
Mehr als die Hälfte der Patienten der Psychiatrischen Landeskrankenhäuser
sind Schizophrene.
66 Prozent der Patienten in psychiatrischen Krankenhäusern sind auf
geschlossenen Stationen untergebracht, 24 Prozent auf halboffenen Stationen
(ohne Dauerbewachung), 10 Prozent auf offenen Stationen. Fast die
Hälfte aller Patienten ist in Sälen mit mehr als 10 Betten untergebracht.
Elf Prozent schlafen in Sälen mit mehr als 21 Betten und 1,2 Prozent
in Sälen mit mehr als 40 Betten. Im Durchschnitt müssen sich 6 Kranke ein
Waschbecken teilen und für 11 Patienten steht ein WC zur Verfügung.
40 Prozent der Patienten haben keine Spinde oder keine Nachttische.
70 Prozent der psychiatrisch Kranken sind in Altbauten untergebracht.
Die Landeskrankenhäuser sind im Durchschnitt zu einem Drittel überbelegt.
Sie sind verpflichtet, alle polizeilich eingewiesenen Patienten aufzunehmen.
Die eingewiesenen Patienten dürfen zur Arbeit herangezogen werden.
Für die psychiatrischen Krankenhäuser gilt noch heute der sogenannte
Halbierungserlaß des Reichsministers des Inneren vom 5. 11. 1942.
Er besagt, daß für psychisch Kranke von den Krankenkassen nur die Hälfte
des Pflegesatzes anderer Kranker erstattet werden muß. Ein heute in
der Bundesrepublik geborenes Kind hat eine mehrfach größere Chance, in
eine Heilanstalt zu kommen als auf eine Universität.

Die sieben Todsünden

1. Geboren werden.
2. Als falscher Eltern falscher Sohn im falschen Elternhaus.
3. Mit mildem Gesicht Eierkuchen essen mit Eierflaum und Himbeersoufflé und sanft danach ausruhen.
4. Phantasie.
5. Gleich sein wollen und streicheln, nicht zurückschlagen.
6. Zweifeln und nachdenklich sein, scheißen auf Anerkennung.
7. Sich als einen Juden produzieren lassen von Staat, Gesellschaft und Familie. Es macht die Gesellschaft von heute auch ihre heutigen Juden und die Familie den ihren. Alexander März.
8. Gegen die Geschäftsregeln sein.

"Die Bedrückung ist hier schon in die Bettwäsche eingewebt."

"Wenn Sie hier mal drin waren, ist es schwer, nicht wiederzukommen. Nach 15 Jahren sind Sie hier zu Hause."

Der Dolch
Heft an festem Dolch gewesen
Muß ein Dolch gewesen sein
steht drinnen im Blute
und wacht, ob draußen kann da nicht entstehen.
Da dolchte es in mir herum wie deutsche Ärzte sich vertun,
ich bin klein, mein Herz ist rein.
Da muß etwas geschehen sein.

Der Psychiater kommt mit einem System von Gewalt und Unterdrückung unmittelbar in Berührung, und wenn er nachdenkt, stößt er auf das Gesamtsystem, das Gewalt und Unterdrückung hervorbringt. Er entdeckt, daß er wie jeder andere Mensch vor einer Entscheidung steht. Entweder er vergißt, was er weiß, zieht sich auf die Grenzen seines Fachs zurück und organisiert Gewalt und Unterdrückung auf dem Felde seiner Spezialkenntnisse, oder er entschließt sich zum Kampf gegen die Institution des Irrenhauses und das Gesamtsystem, das die Institution hervorbringt.

Zeittafel HAP Grieshaber

1909	15. Februar: Helmut Andreas Paul Grieshaber geboren in Rot an der Rot (Oberschwaben); aufgewachsen in Nagold und Reutlingen.
1926–28	Lehre mit Gesellenprüfung als Buchdrucker und Schriftsetzer, gleichzeitig an der Staatl. Kunstgewerbeschule in Stuttgart, Abt. Graphische Künste und Buchgewerbe.
1929–31	Graphiker, Arbeitslosigkeit, Wanderungen durch Mittel- und Norddeutschland.
1931–33	Reisen: Sechs Monate in London (dort u.a. Illustrator für *Vogue*); Ägypten, Griechenland, dort jeweils eigene Ausstellungen. Projekt einer deutschen Kulturzeitung in Griechenland, von der deutschen Botschaft zur Ausreise gezwungen; Rückkehr nach Deutschland.
1933–39	Bau des ersten kleinen Ateliers auf der Achalm. Malverbot; Hilfsarbeiter, Zeitungsausträger; eine getarnte Ausstellung in Stuttgart: «arabische Volksbücher – griechische Volksmalerei».
1940–45	Soldat; 1941 Heirat mit Lena Krieg; 1942 Stationierung im Elsaß, illegale Drucke der *presse clandestine Haguenau*.
1945	Amerikanische Kriegsgefangenschaft, erst in Heilbronn, dann Arbeit unter Tage im belgischen Kohlenrevier. Entlassung nach einer Malaria-Erkrankung im Juni 1946.
1947–50	Rückkehr auf die Achalm. Ausstellungen im Freundeskreis, Beteiligung am neugegründeten Deutschen Künstlerbund.
1951–53	Lehrer an der Bernsteinschule über Sulz am Neckar, Bernsteindrucke bis 1956. Erste großformatige Holzschnitte. Scheidung von Lena Krieg, Heirat mit Riccarda Gohr (Adoption der Tochter Christiane; Tochter Ricca *1954).
1955–60	Berufung an die Akademie der Bildenden Künste, Karlsruhe, als Nachfolger von Erich Heckel; Rücktritt 1960, seitdem freischaffender Künstler: Holzschnitte, Plakate, Flugblätter, Illustrationen, auch riesige Holzschnittwände etwa in einem Schwimmbad und im Bonner Stadttheater.
1956	Berufung in die Akademie der Künste in Berlin. Ausstellungen seit Ende der 50er Jahre in zahlreichen deutschen Städten und zunehmend in ganz Europa, auch in Argentinien, Neuseeland; Biennale (Venedig), documenta (Kassel).
1957	Oberschwäbischer Kunstpreis.

1962	Corneliuspreis der Stadt Düsseldorf.
1964–81	Herausgabe des *Engels der Geschichte*.
1966	Zyklus *Der Totentanz von Basel* erscheint in Dresden.
1967	Schwere Schulterverletzung, als Folge: Einbeziehung neuer Techniken. Erster umfangreicher Band mit Malbriefen. Lebensgemeinschaft mit Margarete Hannsmann, mit ihr zusammen bis Ende der 70er Jahre zahlreiche Bücher und Kataloge.
1968	Kulturpreis des Deutschen Gewerkschaftsbundes.
1969	Zahlreiche Ausstellungen zum 60., u.a. in Bochum, Braunschweig. Dresden, Stuttgart.
1971	Erster Dürerpreis der Stadt Nürnberg.
1972	Berufung in das Internationale Komitee der Biennale der Ostseestaaten in Rostock, Teilnahme als Aussteller bis 1979.
1975	Goldmedaille für Pablo Neruda: *Aufenthalt auf Erden* auf der Internationalen Buchkunstausstellung in Moskau
1976	Stiftung des Jerg-Ratgeb-Preises, zusammen mit Rolf Szymanski; erster Preisträger: Rudolf Hoflehner.
1977	Ausstellung in Athen: *Mahnbilder für die Freiheit und die Menschenrechte*.
1978	Gutenbergpreis der Stadt Leipzig, korrespondierendes Mitglied der Akademie der Künste der DDR.
1980	Erster Konstanzer Kunstpreis.
1981	12. Mai: Tod HAP Grieshabers auf der Achalm.
1987	Gründung des *Freundeskreises HAP Grieshaber* zur Erforschung des Werks, dessen Dokumentation und der Förderung junger Künstler.
1989ff.	Durch die Publikation zahlreicher Bände mit Malbriefen und einige Ausstellungen Verlagerung des Interesses auf den Maler Grieshaber: auf Aquarelle, Zeichnungen, Gouachen; auch Entwürfe der späteren Holzschnitte.

Zeittafel Heinar Kipphardt

1922	8. März: Heinrich Mauritius Kipphardt geboren in Lagiewiki (Polen), damals Heidersdorf (Schlesien); aufgewachsen dort und in Pilawa Górna bzw. Gnadenfrei.
1933–37	Internierung des Vaters mit kurzen Unterbrechungen im KZ Dürrgoy bei Breslau, dann im KZ Buchenwald.
1940	Abitur in Krefeld, Arbeitsdienst.
1941	Bis zur Einberufung zum Kriegsdienst an der Ostfront 1942 Studium der Medizin in Bonn, Köln und Düsseldorf.
1943	Heirat mit Lore Hannen, Kinder: Linde (*1943), Jan (*1950).
1944	Studentenkompanie in Königsberg, dann Breslau.
1945	Januar: Desertion. Nach Kriegsende Fortsetzung des Studiums in Krefeld.
1947–49	Staatsexamen; Assistenzarzt in Krefeld und Düsseldorf.
1949	Umzug nach Ostberlin. Assistenzarzt in der psychiatrischen Abteilung der Charité, 1950 Promotion in Düsseldorf.
1950–59	Dramaturg am Deutschen Theater in Ostberlin.
1952	Uraufführung des ersten Stücks *Entscheidungen*.
1953	Eintritt in die SED. Uraufführung *Shakespeare dringend gesucht*. Nationalpreis der DDR.
1956	Uraufführung *Der Aufstieg des Alois Piontek*.
1957	*Der Hund des Generals*, Erzählung.
1959	Kipphardt kündigt die Stelle als Chefdramaturg. Nach Verhör der Kulturkommission der SED vollständiger Rückzug aus dem Deutschen Theater. Von einem Arbeitsaufenthalt in Düsseldorf kehrt er nicht in die DDR zurück und lässt seine Familie nachkommen. Parteiausschlussverfahren.
1961	Uraufführung *Die Stühle des Herrn Szmil*. Fernsehdramaturg für Bertelsmann in München.
1962	Uraufführung Der Hund des Generals.
1963	Trennung von Lore Kipphardt, Lebensgemeinschaft mit Pia Pavel; Heirat 1971, Kinder: Franz (*1966), Moritz (*1969). Erstes Fernsehspiel: *Bartleby* nach Herman Melville.
1964	*Die Ganovenfresse*, Erzählung (später *Der Mann des Tages*). Für das Fernsehspiel *In der Sache J. Robert Oppenheimer* zahlreiche Auszeichnungen. Uraufführung *In der Sache J. Robert Oppenheimer*. Fernsehspiele: *Der Hund des Generals, Die Geschichte von Joel Brand*.

1965	Uraufführung *Joel Brand. Die Geschichte eines Geschäfts*. Kauf der Mühle in Angelsbruck bei Erding.
1966	Israel-Reise.
1967	Uraufführung *Die Nacht, in der der Chef geschlachtet wurde*.
1968	Uraufführung *Die Soldaten*, Bearbeitung nach J. M. R. Lenz.
1970–71	Chefdramaturg an den Münchner Kammerspielen. Uraufführung *Sedanfeier*. Theaterskandal um das Programmheft von Biermanns *Der Dra-Dra*, Kipphardts Vertrag wird nicht verlängert.
1972	Umzug nach Angelsbruck.
1975	Fernsehspiel *Leben des schizophrenen Dichters Alexander März*.
1976	Prix Italia. *März*, Roman.
1977	Bremer Literaturpreis. *Der Deserteur*, Erzählung. *Angelsbrucker Notizen*, Gedichte. *Die Soldaten*, Fernsehspiel. Neufassung *In der Sache J. Robert Oppenheimer*.
1977–82	Mitherausgeber des Verlags AutorenEdition.
1979	Fernsehspiele *Die Stühle des Herrn Szmil*, *Die Nacht, in der der Chef geschlachtet wurde*.
1980	Uraufführung *März, ein Künstlerleben*. – Herausgeberschaft *Aus Liebe zu Deutschland. Satiren zu Franz Josef Strauß*.
1981	*Traumprotokolle*. Herausgeberschaft *Vom deutschen Herbst zum bleichen deutschen Winter. Ein Lesebuch zum Modell Deutschland*.
1982	18. November: Tod Heinar Kipphardts in einem Münchner Krankenhaus.
1983	Uraufführung *Bruder Eichmann*.
1986–90	*Gesammelte Werke in Einzelausgaben*, unter zehn Bänden zwei mit Essays, Briefen und Entwürfen aus dem Nachlass.

Nachwort

Heinar Kipphardt zum 80.

Es wird da vielleicht immer der Fehler gemacht, zu beschreiben und zu deuten, statt Lebensumstände, geschichtlichen Zusammenhang, Arbeitsweise, Ansichten, Fotos, Gebrauchsgegenstände, Briefe, Krankheiten etc. des Künstlers vorzuzeigen.
23. Juli 1976

1

Einhundertundelf Briefe haben sich HAP Grieshaber und Heinar Kipphardt geschrieben, davon knapp hundert innerhalb von nur zwei Jahren – ein Briefwechsel voll Witz, Poesie, politischem Scharfsinn und privater Intensität. Eine solche hochfrequente Korrespondenz zweier bis dorthin Fremder verlangt nach einer Erklärung, zumal sich die Protagonisten bis zuletzt bei aller gewonnenen Nähe, manchmal Privatheit ihrer Themen und Anspielungen siezen. Beide sind auf einem Höhepunkt ihres Schaffens, vollständig Herren ihrer künstlerischen Mittel, beide hatten unabhängig voneinander ihren Weg gemacht.

Grieshaber, der dreizehn Jahre Ältere, ist der berühmteste Holzschneider seiner Zeit und auch ein geheimes Zentrum deutscher Literatur. Er gibt den *Engel der Geschichte* heraus, mit vielen prominenten Mitarbeiterinnen und Mitarbeitern, illustriert die Bücher seiner Freunde – allein im vorliegenden Briefwechsel fallen viele bekannte Namen – , lebt einige Jahre mit der Lyrikerin und Schriftstellerin Margarete Hannsmann zusammen und ist der einzige bildende Künstler im Schriftstellerclub PEN. Sein Parallelwerk als Maler ist noch eher unerkannt, trotz erster Editionen von Malbriefen seit den 60er Jahren. Die großen Ausstellungen, Kataloge und Editionen des Malers Grieshaber wird er nicht mehr erleben.[1]

Kipphardt ist wegen seiner dokumentarischen Theaterstücke seit *Der Hund des Generals* (1962), vor allem durch *In der Sache J. Robert Oppenheimer* (1964) und *Joel Brand* (1965), ein international viel gespielter Dramatiker. Nach einem Skandal an den Münchner Kammerspielen, die seinen Vertrag als Chefdramaturg nach politischen Provinz-Intrigen[2] nicht verlängert hatte, glaubte er sich seines bisherigen Mediums, des Theaters, beraubt. Er brauchte eine mehrjährige Phase der Neuorientierung, die ihn von der Mitte der 70er Jahre an bis zu seinem frühen Tod 1982 zu einer neuen Souveränität und ganz anderen Gattungen führt, zu seinem einzigen großen Roman *März* (1976), zu den *Traumprotokollen* (1981), Erzählungen, Gedichten und schließlich doch wieder zum Theater.

Grieshaber und Kipphardt loben und bewundern einander in ihren Briefen nach Kräften, sie besuchen sich ab und zu, telefonieren gelegentlich, erarbeiten 1976 und 1977 einige Werke miteinander und gehen dann wieder ihrer Wege, in andere Arbeiten, bei anhaltend freundschaftlichen Gefühlen für den anderen. Woher diese Einstimmigkeit, dieses tiefe Verständnis füreinander?

2

Neben den nicht wenigen Gemeinsamkeiten ihrer Vorstellungen zu Ästhetik und Politik, auch vergleichbarer biographischer Erfahrungen, erhellt doch die gesamte Korrespondenz präziser, aus welcher Vorgeschichte heraus Grieshaber den ersten erhaltenen Brief an Kipphardt geschrieben hat. Er spricht hier von seinem frischen Eindruck des *März*-Fernsehfilms, gibt zu verstehen, dass es ihm anders als Kipphardt nicht gelungen sei, den Regisseur Vojtech Jasny zu «fördern», und dass er sich in psychiatrischen Belangen auskenne: er hat 1936 eine einschlägige Vorlesung in Freiburg besucht – übrigens auch Heidegger gehört –, und er erwähnt einen bekannten Psychiater.

Grieshaber war damals schon mit Agnes Magdalene Krieg befreundet, sie studierte vor 1933 am Frankfurter Institut für Sozialforschung. Theodor W. Adorno war ihr Kommilitone gewesen, ihr Doktorvater Max Horkheimer; als der mitsamt seinem Institut emigrieren musste, konnte sie an ihrer Dissertation nicht mehr weiterarbeiten. Sie war nicht nur Soziologin, Kommunistin und eine intelligente Frau, sie war auch psychisch labil. Ihr Zustand wurde nicht besser durch ihre Herkunftsfamilie, die dem neuen NSDAP-Staat begeistert gegenüberstand. Ihre Schwestern quartierten sie aus der Kriegschen Jugendstilvilla in Eningen aus, sie sollte mit einem ungeheizten Gartenhäuschen vorlieb nehmen; mit weiteren Schikanen brachten sie es schnell zu einer Einweisung ihrer Schwester in eine psychiatrische Klinik. (Noch in der späten Bundesrepublik haben die Schwestern die Villa und die Reste des Kriegschen Vermögens der NPD vermacht.) Als die Verlegungen aus psychiatrischen Krankenhäusern nach Grafeneck begannen, die Vergasungen, Morde an Behinderten und Geisteskranken unter dem Etikett «Euthanasie», heiratete Grieshaber Lena Krieg 1941, um sie vor diesem Schicksal zu bewahren. Margarete Hannsmann hat er die dramatischen Umstände erzählt: er war zu diesem Zeitpunkt schon Soldat und wegen einem komplizierten Beinbruch nach Wochen im Feldlazarett auf Heimaturlaub. In Uniform und an Krücken in die Tübinger Klinik humpelnd, soll er die Herausgabe der Kranken verlangt haben, damit die «Soldatenehe» stattfinden konnte.[3] Durch Lena Grieshaber also waren Grieshaber die Verhältnisse der deutschen Psychiatrie vertraut, sie ist die «Schizo», von der er Kipphardt schreibt, und aus ihrer Familiengeschichte wird deutlich, weshalb Grieshaber auch nach der Scheidung das Sorgerecht nicht ihren Schwestern überlassen wollte.

Grieshabers Zusammenarbeit mit dem Regisseur Vojtech Jasny fand nicht lange vor der Kipphardts statt, er spielte eine kleine Rolle in dem Fernsehfilm *Traumtänzer* (1973). Die Ehefrau eines Geologieprofessors, gespielt von Edith Heerdegen, begegnet einer Doppelgängerin und wird, verwirrt und depressiv, in eine Heilanstalt gebracht. Grieshaber spielte einen Maler, dem es beinahe gelingt, die Frau ihrem *stupor* zu entreißen, bevor sie endgültig der Depression verfällt. Die Dreharbeiten müssen für

Grieshaber eine Strapaze gewesen sein, und offensichtlich war er auch mit dem fertigen Film nicht einverstanden.[4]

3

Heinar Kipphardts Beziehung zur Psychiatrie war zuerst eine professionelle. Er hielt es für sinnlos, im nationalsozialistischen Deutschland Schriftsteller werden zu wollen, und studierte ab 1941 Medizin. Von 1942 bis 1944 war er als Soldat an der Ostfront, konnte dann 1944 in einer Studentenkompanie weiterlernen. Nach dem Krieg beendete er sein Studium, war Assistenzarzt in Krefeld und Düsseldorf, 1949 ging er nach Ostberlin und arbeitete ein knappes Jahr in der psychiatrischen Abteilung der Charité. Ab 1950 war er Dramaturg am Deutschen Theater, 1952 wurde sein erstes Stück uraufgeführt. Mit 30 Jahren wurde aus dem Psychiater und Doktor der Medizin der Dramatiker und Schriftsteller; er verlor das Interesse an seinem Brotberuf nicht, obwohl er nie wieder praktizierte.

Neben der Literatur beschäftigte Kipphardt bildende Kunst am stärksten. Er kaufte sich Plastiken und Gemälde von zeitgenössischen Künstlern, ließ sich malen, unterstützte den Bildhauer Franz Josef Kampmann[5]; seine erste Frau Lore Hannen ist Malerin in der Tradition von Ivan Generalić. Ein besonderes Faible hatte Kipphardt für psychopathologische Kunst. Die älteste und umfassendste Sammlung entstand etwa 1890 bis 1920, Hans Prinzhorns Darstellung und Interpretation seiner Bestände erschien in Kipphardts Geburtsjahr: *Bildnerei der Geisteskranken. Ein Beitrag zur Psychologie und Psychopathologie der Gestaltung* (1922). Er hat die Sammlung in einem Aufsatz kommentiert; an den Exponaten erlebe man, wenn man sensibel genug sei, «daß die Psychose eben nicht nur ein Defekt ist, ein Weniger, sondern daß in ihr auch ein schwer zu entziffernder, zerstückter menschlicher Entwurf anderer Art steckt, stecken kann, den man zu erfahren wünscht, dessen Metaphorik man sich nähern kann, den man aus den Angst- und Wunschproduktionen der eigenen Träume bruchstückhaft zu kennen meint.»[6]

Diesen Entwurf entdeckte er auch in der Metaphorik psychopathologischer Sprache, die ihm schon in der Charité aufgefallen war und die er in den 60er Jahren in den Arbeiten und Anthologien von Leo Navratil wiederfand, zuerst in *Schizophrenie und Sprache* (1966) und in *Schizophrenie und Kunst* (1968). Der Psychiater Navratil forderte seine Patienten auf, zu gestellten Themen Gedichte zu schreiben, eher in der Hoffnung, dem Phänomen menschlicher Kreativität näher zu kommen als zu therapeutischen Zwecken; die entstandenen Texte sind erstaunlich genug und mögen Kipphardt einen weiteren Impuls gegeben haben. Winzige psychopathologische Fetzen stehen zuerst in seiner Kleinbürger-Satire *Die Nacht, in der der Chef geschlachtet wurde* (1967); es folgen das Filmdrehbuch, der Roman, der *Engel der Psychiatrie*, die *März-Gedichte I und II* und als letztes Werk, das explizit zum *März*-Komplex gehört, das Schauspiel *März, ein Künstlerleben* (1980).

4

Kipphardts Figur Alexander März ist schizophren, und er ist ein Dichter, der als Dauerpatient in einer psychiatrischen Klinik leben muss. Der Arzt Dr. Kofler wird auf ihn aufmerksam und sucht die Nähe des Kranken, gewinnt allmählich sein Vertrauen und kann ihm ein wenig aus seiner Erstarrung helfen. März und die Mitpatientin Hanna Grätz verlieben sich, fliehen aus der Anstalt und verbringen einige Monate auf einer Alm in Graubünden; eine kurze, glückliche Zeit, bis die schwangere Hanna ihren nächsten psychotischen Schub hat. Sie bitten Kofler privat um Hilfe, und er nimmt sie tatsächlich bei sich auf. Als er von einer Reise zurückkehrt, sind Hanna und Alexander gegen ihren Willen voneinander getrennt und polizeilich eingewiesen worden. März glaubt sich von Kofler verraten und bringt sich vor dessen Augen um, ohne dass der Arzt es verhindern kann.

Der Roman ist die ausführlichste und vielstimmigste Version des Stoffes. März' Leben wird in allen Stationen erzählt, montiert aus seinen eigenen Erinnerungen, Briefen, Gedichten und Aufsätzen, ergänzt vor allem durch die Notizen Koflers. Außerdem kommen seine Eltern und seine Schwester zu Wort, frühere Arbeitskollegen, Ärzte, Pfleger, Patientinnen und Patienten. Andere Krankengeschichten als März' sind zu erfahren, Dokumente zum Zustand der damaligen Psychiatrie und Diskussionsbeiträge der zeitgenössischen Debatten verleihen dem Roman ebenso seine Authenzität wie die eingearbeiteten psychopathologischen Texte.

März ist zwar stofflich auf der Höhe seiner Zeit, aber dennoch kein Psychiatrie-Roman, sondern zuerst ein Gesellschafts-Roman, «einer der radikalsten zeitkritischen Romane in der deutschen Nachkriegsliteratur»[7] und einer der angriffslustigsten: «Eine Gesellschaft, die massenhaft psychisches Elend produziert, muß bekämpft werden»,[8] schreibt Kofler in einer Notiz, die in den *Engel der Psychiatrie* übernommen wurde.

Schizophrenie sei ein Kampf um Integration, schreibt Arno Gruen, Jahre nach *März* und der Antipsychiatrie-Debatte der 70er Jahre – ein scheiternder Kampf in einer feindseligen Umwelt: «Darum haben die Symptome des Schizophrenen auch immer einen Sinn. [...] Die Symptome des Schizophrenen sind freilich verschlüsselte Botschaften, denn er fürchtet unser Unverständnis.»[9] Wenn wir uns um die Entschlüsselung bemühen, wenn wir uns wie Kofler neben ihn in den Schnee legen, könnte unser Einverständnis mit dem, was gesellschaftliche Normalität heißt, ins Wanken geraten.

Kipphardt lag daran, den Blick des schizophrenen Dichters nachvollziehbar zu machen, zu einer Wahrnehmung, die den eigenen Blick verändert. Für ihn war dieser Blick so zwingend, dass er noch Jahre nach dem Abschluss der Arbeit am Roman März-Gedichte geschrieben hat, «weil dem Roman ein paar fehlten» (21.1.1976). Die Hälfte der *Angelsbrucker Notizen* besteht aus März-Gedichten. Die Abteilung *März-Gedichte II* ist in dem Jahr zwischen der Publikation des Romans und des Gedichtbandes entstanden, die postume Ausgabe der gesammelten Gedichte enthält weitere Arbeiten, darunter auch *Das Einhorn*.[10] «Es ist eine Art Rollenpoesie», schrieb Kipphardt. «Die Rolle fällt mir leicht, und sie gefällt mir auch.»[11] Sie steht ihm mal näher, mal ferner, manchmal sind die Dichter März und Kipphardt kaum auseinander zu halten. Der Figur werden Kindheitserinnerungen ihres Autors zugeschrieben, Orte in Schlesien, tatsächliche Familienfotos, sogar die Zuordnung der Texte kann fluktuieren. Ein März-Aufsatz im Roman wird im *Engel* mit «Heinar Kipphardt» gezeichnet und als Gedicht umbrochen:[12]

Was ist normal?

Ein normaler Mensch tut lebenslang nicht was er will.
So stark genießt er die Pflicht. Je besser es ihm
gelingt, nicht er selber zu sein, desto mehr bekommt er.
Mit 65 wird der normale Mensch pensioniert
(auf Antrag mit 63). Jetzt hat er Zeit für sich, doch
hat er sich leider vergessen.

Der Roman schöpft aus der Antipsychiatrie-Bewegung der 70er Jahre, die vor allem in Italien, England und den USA initiiert wurde. Ihre Kritik an der Anstaltspsychiatrie ist zum Teil von der Institution angenommen worden, zum Teil schlicht eingegangen. Dass der Roman seine Quellen, so nah und manchmal wortgetreu er mit ihnen umgeht, überlebt hat und mittlerweile zum Kanon der deutschsprachigen Werke nach 1945 gehört, liegt zum einen an den unveränderten menschlichen und gesellschaftlichen Problemen, die er verhandelt. Zum anderen sind die zeitgenössischen Beiträge bei aller Sympathie sehr selektiv, abwägend, wertend eingebracht, auf unterschiedlich sympathische Romanfiguren verteilt und in neue Kontexte gestellt.[13] Im Unterschied zu vielen antipsychiatrischen Beiträgen verherrlicht Kipphardt den Kranken auch nicht. März ist nicht primär ein Kreativer, Künstler, Heiliger oder Revolutionär, er ist immer auch ein Kranker, sein Entwurf ist eben «zerstückt». Wir können von ihm lernen, wir sollten uns um seine Sicht bemühn, aber vor allem muss ihm geholfen werden. «Jedoch man steckt ihn in die Mülltonne.»[14]

5

meine Frau fragte: was mache ich wenn er dunkel redet
ich antwortete: rede selber dunkel
Helmut Heißenbüttel über Grieshaber[15]

Margot Fürst, die langjährige Mitarbeiterin Grieshabers und heute seine Nachlassverwalterin, bezeichnete ihn als einen «Ekstatiker, der sich jeder Erfahrung, die ihn berührte, voll aussetzte.»[16] Das betraf seine Liebesbeziehungen ebenso wie seine Freundschaften, seine Lektüren, konkrete politische Anliegen oder den Versuch, Jerg Ratgeb bekannt zu machen. Es ist nicht zu übersehen, dass Grieshaber der besessenere Briefschreiber ist, der öfters aus Augenblickslaunen an den Freund schreibt, gelegentlich sogar mehrmals täglich, so lange die gemeinsamen Arbeiten andauern: *der Engel der Psychiatrie*, die Illustrationen zu den *Angelsbrucker Notizen*, der Umschlag zu dem Erzählungsband *Der Mann des Tages* (1977). Ekstase lässt sich schlecht verstetigen, deshalb sinkt die Frequenz danach ab, bei zwar gleichbleibenden Sympathien und auch noch gelegentlichen Besuchen der Kipphardt-Familie auf der Achalm; Grieshabers Herzkrankheit mag ein übriges getan haben.[17]

Die erste große Sammlung von Malbriefen erschien schon 1967, sie waren für Grieshaber «ein selbständiges Œuvre neben den Holzschnitten.»[18] Gegenüber der viel strengeren Form konnte er hier seiner Spontaneität nachgeben; seine Sprache war nicht nur in den Briefen bildreich, assoziativ, vieldeutig, er wollte sich nicht symmetrisch verhalten – «symmetrisch, wie sich Heere gegenüberstehen».[19] Darin entsprechen die Briefe durchaus dem bildnerischen Werk, das sich zwischen Abstraktion und Gegenständlichkeit, zwischen freier Form und den technischen Anforderungen des Mediums Holzschnitt bewegt.

Die Sprache Alexander März' muss Grieshabers eigener Art zu denken, zu sprechen, zu schreiben, sehr entgegengekommen sein; und er muss sich mit Kipphardt einig gewesen sein, dass der Einsatz von Vieldeutigem, Assoziativem überaus bewusst, als Einsatz von Kunst erfolgt. Grieshaber hat deutlich gemacht, dass seine oft weitgespannten Assoziationen entgegen dem Augenschein keineswegs bloße Willkür bedeuten: «Keiner kann sagen: Ich bin mir dessen nicht bewußt – ich arbeite so, wie ich es fühle. Ich meine, Gefühle sind groß, zweifellos. Aber heute kann sich ein Maler zum Beispiel [...] nicht mehr als Außenseiter der Gesellschaft geben. Seine Stellung hat sich geändert! Seinerzeit hatte das Bürgertum diese Bohemiens à part gestellt, hatte sie abgesondert. Und da durfte dann der Maler dumm sein.»[20]

Immer wieder gibt es verblüffende Übereinstimmungen der unsystematischen Äußerungen zur Ästhetik der beiden Briefpartner, bevor sie angefangen haben, sich Briefe zu schreiben. Grieshaber notierte sich 1943: «Technik ist die Lust, mit geringstem Aufwand die Kräfte selbst wirken zu lassen. Vollendete Technik ist unsichtbar.» Zwanzig Jahre später schrieb Kipphardt in eins seiner Notatheftchen: «Ich denke, dass man den Stil für eine Sache gefunden hat, wenn er – der Stil – unbemerkbar geworden ist.»[21] Beide wollten Mittler für eine große Öffentlichkeit sein, zweifelten an der unmittelbaren Wirkung von Kunst, ließen sich nie von Parteien oder politischen Bewegungen instrumentalisieren und gehörten doch in ihrem jeweiligen Metier zu den am unübersehbarsten politisierten Künstlern ihrer Zeit. Stefanie Endlich hat versucht, die politischen Themen Grieshabers in einiger Vollständigkeit aufzuzählen: «Auschwitz, Neuengamme, Chelmno. Aufrüstung, Kaltes-Kriegs-Denken, Notstandsgesetze, Kriegsdienstverweigerung. Naturzerstörung, Atomkraftwerke. Vietnamkrieg, Militärdiktaturen in Griechenland und Chile. Deutsch-polnische

Versöhnung, politische Gefangene in aller Welt, ausländische Bürger in der Bundesrepublik, Asyl. Mord an Patrice Lumumba und später an Martin Luther King. Hungersnot in Afrika.»[22] Dazu kommt Grieshabers privater Versuch, noch vor Brandts neuer Ostpolitik die Berliner Mauer zu überwinden. Eine ähnliche Liste ließe sich ohne Mühe für Kipphardt erstellen; gleichzeitig misstrauten der Schriftsteller wie der Maler dem nur tagespolitischen, auch modischen Engagement. «Sie nennen mich engagiert», meinte Grieshaber zu Margarete Hannsmann. «Doch engagierte Kunst ist für mich eine Tautologie. Kunst ist immer engagiert. Vorausgesetzt, daß man weiß, was Kunst ist. Ich weiß es nicht.»[23] Und Kipphardt schrieb nach der verflogenen Aufbruchsstimmung der Jahre nach 1968, der politische Beitrag eines Schriftstellers sei wohl doch sein Buch oder sein Stück, nicht mehr und nicht weniger.

Der vorliegende Briefwechsel ist in vielem unzeitgemäß. Da lassen sich zwei aufeinander ein, geduldig, so entsprechend die Vorstellungen des anderen auch gewesen sein mögen. Sie konkurrieren nicht miteinander, sie sind an schnellen Erfolgen nicht interessiert.[24] Sie sind umfassend gebildet, ohne Bildung als Selbstzweck oder zu Konversationszwecken nötig zu haben, ein Austausch, dem jeder Prunk und Protz fehlt. Beide sind nicht alt genug, um von Alterswerken zu sprechen, aber ihre Freundschaft wie ihre Arbeiten dieser Jahre haben das Geklärte und Uneitle von gelungenen Alterswerken; abermals Margot Fürst über den *vieux*: «Bilder voller Anmut, geistreich, oftmals voller Witz [...]. Bilder wie ein Fluß, unangestrengt, gelöst.»[25]

Und, als Letztes, beide haben noch utopische Vorstellungen, auf die sie nicht verzichten mögen; auf sie wird angespielt, wenn von «Graubünden», den «schweizer Notizen des Nachtrags» (5.4.1976) die Rede ist. Vorstellungen eines sinnlichen, selbstbestimmten, kreativen Lebens, die März in seinen *Notizen aus dem Hochgebirge* entwirft.[26] Utopien zeichnen sich bekanntlich dadurch aus, dass sie nicht eintreffen; auch das Glück von März und seiner Gefährtin flackert von Anfang an, bedroht von außen wie von innen bis zum endgültigen Absturz. Die Sehnsucht nach den Paradiesen bleibt; und die Skepsis.[27]

> Denen ich gleich sein möchte
> die sollen mir nicht zu nahe kommen
> beobachte ich an mir.
> Nova insula
> nova Atlantis soll bleiben
> im milden Gedankenlichte
> zehntausend Werst und weiter.
> Ein Iltis schaut rein und erschrickt.
> Ou topos heißt kein Ort
> lese ich.

[1] Als Beispiele seien genannt: Johannes Göbel, Wolfgang Glöckner (Hg.): Grieshaber. Der Holzschneider als Maler. Gouachen, Malbriefe, Aquarelle, Holzschnitte, Zeichnungen. Bonn 1989; Dieter Brusberg in enger Zusammenarbeit mit Margot Fürst (Hg.): HAP Grieshaber. Holzschneider und Maler – eine Revision. Berlin 1994. – Der Katalog der jüngsten umfassenden Retrospektive, darin auch eine mustergültige Grieshaber-Gesamtbibliographie: HAP Grieshaber. Texte und Bestandskatalog von Petra von Olschowski. Mit Beiträgen von Margot Fürst, Ulrike Gauss, Andreas Schalhorn. Bibliographie von Gerhard Fichtner. Stuttgart 1999.

[2] Einige Dokumente der Affäre sind versammelt in Heinar Kipphardt: Ruckediguh, Blut ist im Schuh. Essays, Briefe, Entwürfe Band 2: 1964–1982. Gesammelte Werke in Einzelausgaben, Hg. Uwe Naumann unter Mitarbeit von Pia Kipphardt. Reinbek bei Hamburg 1989, S. 100–126. – Vgl. außerdem Sven Hanuschek: Heinar Kipphardt. Berlin 1996, S. 56–64.

[3] Vgl. Margarete Hannsmann: Pfauenschrei. Die Jahre mit HAP Grieshaber. München und Hamburg 1986, S. 81–83, zu Grafeneck S. 183f. – Die bislang umfassendste Biographie des jungen Grieshaber und seines Überlebens im Nationalsozialismus: Rudolf Mayer: Tagröte. Der junge Grieshaber und seine Freunde. Mit Biographien von HAP Grieshaber und Klaus Vrieslander sowie der Folge der «Reutlinger Drucke» mit Werkverzeichnis. Ostfildern 1998, S. 107–112.

[4] Ausführlich bei Hannsmann: Pfauenschrei (Anm. 3), S. 283–287.

[5] Zu Kampmanns Werk s. Irmgard Müller: «Beinahe-Menschen, Gerade-Noch-Menschen, Gerade-Genug-Menschen». Anmerkungen zu den Prothesenmenschen Franz Josef Kampmanns. In: Armin Geus (Hg.): Krankheit und Kranksein in der Gegenwartskunst. Marburg 1985, S. 39–42.

[6] Heinar Kipphardt: PSYCHIATER BLEIB M.I.R. FERN (1980). In: H. K.: März. Roman und Materialien. Gesammelte Werke in Einzelausgaben, Hg. Uwe Naumann unter Mitarbeit von Pia Kipphardt. Reinbek bei Hamburg 1987, S. 282–289, zit. S. 283.

[7] In der Sache Heinar Kipphardt. Bearbeitet von Uwe Naumann und Michael Töteberg. Mit einer Bibliographie von Nicolai Riedel. Marbach am Neckar 1992, S. 52.

[8] Kipphardt: März (Anm. 6), S. 169.

[9] Arno Gruen: Der Wahnsinn der Normalität. Realismus als Krankheit. Eine Theorie der menschlichen Destruktivität. München 1993 (5. durchges. Aufl.), S. 194.

[10] Heinar Kipphardt: Angelsbrucker Notizen. Gedichte. Mit 10 Tuschezeichnungen von HAP Grieshaber. München 1977, S. 175–209. – Heinar Kipphardt: Umgang mit Paradiesen. Gesammelte Gedichte. Gesammelte Werke in Einzelausgaben, Hg. Uwe Naumann unter Mitarbeit von Pia Kipphardt. Reinbek bei Hamburg 1990, S. 185–226.

[11] Brief an Klaus Wagenbach vom 2.3.1975, abgedruckt in Kipphardt: März (Anm. 6), S. 250.

[12] Zit. nach dem Engel, S. 15; im Roman: Kipphardt: März (Anm. 6), S. 191.

[13] Dazu grundlegend Tilman Fischer: «Gesund ist, wer andere zermalmt». Heinar Kipphardts *März* im Kontext der Antipsychiatrie-Debatte. Bielefeld 1999.

[14] Heinar Kipphardt: März, ein Künstlerleben. Schauspiel. In: H. K.: Joel Brand und andere Theaterstücke. Gesammelte Werke in Einzelausgaben, Hg. Uwe Naumann unter Mitarbeit von Pia Kipphardt. Reinbek bei Hamburg 1988, S. 249–354, zit. S. 344 (März spricht).

[15] Helmut Heißenbüttel: Hommage für HAP Grieshaber vorgelesen am 18.3.90 in Cismar. In: Wolfgang Glöckner, H. H., Heinz Spielmann: In memoriam HAP Grieshaber. 3 Reden mit Abbildungen von HAP Grieshaber. Hauzenberg 1991, n.pag.

[16] Margot Fürst im Vorwort zu HAP Grieshaber: Briefe an Jutta. 1978–1981. Hg. von Margot Fürst unter Mitarbeit von Gerhard Fichtner. Ostfildern 1999, S. 6.

[17] Kipphardt hat Grieshaber ein letztes Mal kurz vor dessen Tod am 12. Mai 1981 besucht, vgl. das Traumprotokoll 143 vom 14. Mai 1981 in Heinar Kipphardt: Traumprotokolle. Gesammelte Werke in Einzelausgaben, Hg. Uwe Naumann u. Mitarbeit von Pia Kipphardt. Reinbek bei Hamburg 1986, S. 117.

[18] Grieshaber zit. nach Margarete Hannsmanns Vorwort in HAP Grieshaber: Malbriefe an Margarete. Mit einem Vorwort von M. Hannsmann und einem Nachwort von Wolf Schön. Stuttgart 1996, S. 5.

[19] Grieshaber 1952, zit. n. Margot Fürst in: Briefe an Jutta (Anm. 16), S. 7.

[20] Grieshaber im Gespräch mit Maria Wetzel (1968), in: Brusberg/Fürst: Grieshaber (Anm. 1), S. 27–41, zit. S. 31f.

[21] Grieshaber in Brusberg/Fürst: Grieshaber (Anm. 1), S. 10. Kipphardts Notat vom 16.4.1964 in H. K.: In der Sache J. Robert Oppenheimer. Ein Stück und seine Geschichte. Gesammelte Werke in Einzelausgaben, Hg. Uwe Naumann u. Mitarbeit von Pia Kipphardt. Reinbek bei Hamburg 1987, S. 202.

[22] Stefanie Endlich: Stellung nehmen. Grieshaber – Künstler und Aufklärer. In: Brusberg/Fürst: Grieshaber (Anm. 1), S. 67–69, zit. S. 67.

[23] Grieshaber, referiert von Margarete Hannsmann: Pfauenschrei (Anm. 3), S. 14.

[24] Vgl. dazu Endlich (Anm. 22), S. 67.

[25] Margot Fürst in: Briefe an Jutta (Anm. 16), S. 8.

[26] Kipphardt: März (Anm. 6), S. 209.

[27] Heinar Kipphardt: Umgang mit Paradiesen. Im gleichnamigen Band (Anm. 10), S. 238.